Georg Büchner

Woyzeck

Georg Büchner

Der Hessische Landbote

Johann Chr. A. Clarus

Gutachten

Schroedel
westermann

Georg Büchner (1813–1837). Undatierte Zeichnung von
Büchners Studienfreund Jean-Baptiste Alexis Muston (1810–1888)

Georg Büchner

Woyzeck

[Szene 1]

Freies Feld. Die Stadt in der Ferne.
Woyzeck *und* **Andres** *schneiden Stöcke im Gebüsch.*

Freies Feld
→ Seite 109

schneiden Stöcke
→ Seite 109

Woyzeck. Ja Andres; den Streif da über das Gras hin, da rollt
abends der Kopf, es hob ihn einmal einer auf, er meint' es
wär ein Igel. Drei Tag und drei Nächt und er lag auf den
Hobelspänen *(leise)* Andres, das waren die Freimaurer,
ich hab's, die Freimaurer, still!

Streif
→ Seite 109

*da rollt abends
der Kopf*
→ Seite 109

Andres *singt.*

> Saßen dort zwei Hasen
> Fraßen ab das grüne, grüne Gras

Woyzeck. Still! Es geht was!

*Drei Tag und
drei Nächt*
→ Seite 109

*lag auf den
Hobelspänen*
→ Seite 110

Andres.

> Fraßen ab das grüne, grüne Gras
> Bis auf den Rasen.

Woyzeck. Es geht hinter mir, unter mir *(stampft auf den Boden)* hohl, hörst du? Alles hohl da unten. Die Freimaurer!

die Freimaurer
→ Seite 110

*Saßen dort …
den Rasen.*
→ Seite 110

Andres. Ich fürcht mich.

Woyzeck. 's ist so kurios still. Man möcht den Atem halten.
Andres!

Andres. Was?

Woyzeck. Red was! *(Starrt in die Gegend.)* Andres! Wie hell!
Ein Feuer fährt um den Himmel und ein Getös herunter
wie Posaunen. Wie's heraufzieht! Fort. Sieh nicht hinter
dich *(reißt ihn ins Gebüsch).*

*Ein Feuer fährt
um den Himmel*
→ Seite 110

Andres *nach einer Pause.* Woyzeck! hörst du's noch?

Woyzeck. Still, alles still, als wär die Welt tot.

Andres. Hörst du? Sie trommeln drin. Wir müssen fort.

Still … tot.
→ Seite 110

[Szene 2]

Marie *mit ihrem Kind am Fenster.* **Margreth.**
Der Zapfenstreich geht vorbei, der **Tambourmajor** *voran.*

Marie *das Kind wippend auf dem Arm.* He Bub! Sa ra ra ra!
Hörst? Da kommen sie.

Margreth. Was ein Mann, wie ein Baum.

Marie. Er steht auf seinen Füßen wie ein Löw.

Tambourmajor *grüßt.*

Margreth. Ei, was freundliche Auge, Frau Nachbarin, so was
is man an ihr nit gewöhnt.

Marie *singt.*

Soldaten, das sind schöne Bursch

[Ein bis zwei Zeilen unbeschrieben]

Margreth. Ihre Auge glänze ja noch.

Marie. Und wenn! Trag sie ihr Auge zum Jud und lass sie sie
putze, vielleicht glänze sie noch, dass man sie für zwei
Knöpf verkaufe könnt.

Margreth. Was Sie? Sie? Frau Jungfer, ich bin eine honette
Pers[o]n, aber sie, sie guckt 7 Paar lederne Hose durch.

Marie. Luder! *(Schlägt das Fenster [zu].)* Komm mein Bub.
Was die Leut wollen. Bist doch nur en arm Hurenkind
und machst deiner Mutter Freud mit deim unehrliche
Gesicht. Sa! Sa! *(singt)*

Mädel, was fangst du jetzt an
Hast ein klein Kind und kein Mann
Ei was frag ich danach
Sing ich die ganze Nacht

Zapfenstreich
→ Seite 110

Tambourmajor
→ Seite 110

Sa ra ra ra!
→ Seite 111

nit mundartlich für ›nicht‹

Soldaten, das sind schöne Bursch
→ Seite 111

Knöpf umgangssprachlich für ›Geld‹

Jungfer unverheiratete Frau geringeren Standes

honette achtbare, anständige

guckt 7 Paar lederne Hose durch volkstümliche Wendung (›benimmt sich unanständig‹)

Luder Ausdruck stärkster Verachtung für eine sittenlose Frau

deim unehrliche Gesicht
→ Seite 111

Sa! Sa!
→ Seite 111

Mädel, was fangst du jetzt an … nix dazu.
→ Seite 111

Heio popeio mein Bu. Juchhe!
Gibt mir kein Mensch nix dazu.

5 Hansel spann deine sechs Schimmel an
Gib ihn zu fresse aufs Neu
Kein Haber fresse sie
Kein Wasser saufe sie
Lauter kühle Wein muss es sein Juchhe
Lauter kühle Wein muss es sein.

10 *Es klopft am Fenster.*

Marie. Wer da? Bist du's Franz? Komm herein!
Woyzeck. Kann nit. Muss zum Verles.
15 **Marie.** Was hast du Franz?
Woyzeck *geheimnisvoll.* Marie, es war wieder was, viel, steht
nicht geschrieben, und sieh da ging ein Rauch vom Land,
wie der Rauch vom Ofen?
Marie. Mann!
20 **Woyzeck.** Es ist hinter mir gegangen bis vor die Stadt. Was
soll das werden?
Marie. Franz!
Woyzeck. Ich muss fort. *(Er geht.)*
Marie. Der Mann! So vergeistert. Er hat sein Kind nicht an-
25 gesehn. Er schnappt noch über mit den Gedanken. Was
bist so still, Bub? Furchst' dich? Es wird so dunkel, man
meint, man wär blind. Sonst scheint d[och] als die Latern
herein. Ich halt's nicht aus. Es schauert mich. *(Geht ab.)*

*Hansel spann
… muss es sein.*
→ Seite 111

Verles abendli-
cher Zählappell
beim Militär

*steht nicht
geschrieben …
Rauch vom Ofen?*
→ Seite 111

vergeistert
südhessisch für
›verängstigt,
außer sich
vor Schreck‹

*Sonst scheint
doch als die
Latern herein.*
→ Seite 111

als mundartlich
für ›immer‹

[Szene 3]

Buden. Lichter. Volk.

[ergänzt aus H2,3]

Alter Mann. Kind *das tanzt:*

Auf der Welt ist kein Bestand

Wir müssen alle sterben, das ist uns wohlbekannt!

[Woyzeck]. He! Hopsa! Armer Mann, alter Mann! Armes
Kind! Junges Kind! ++z+ und ++st! Hei [Marie], soll ich
dich tragen? Ein Mensch muss noch d. +++ vo+ +ß ++d+,
damit er essen kann. ++++ Welt! Schöne Welt!

Ausrufer *an einer Bude.* Meine Herren, meine Damen, ist
zu sehn das astronomische Pferd und die feinen Kanaille-
vögele, sind Liebling von allen Potentaten Europas und
Mitglied von allen gelehrten Sozietäten; weissagen den
Leuten alles, wie alt, wie viel Kinder, was für Krankheiten, schießt Pistol los, stellt sich auf ein Bein. Alles Erziehung, haben eine viehische Vernunft, oder vielmehr
eine ganze vernünftige Viehigkeit, ist kein viehdummes
Individuum wie viele Personen, das verehrliche Publikum abgerechnet. Es wird sein, die rapräsentation, das
commencement vom commencement wird sogleich
nehm sein Anfang.

[ergänzt aus H1,1]

Meine Herren! Meine Herren! Sehn sie die Kreatur, wie
sie Gott gemacht, nix, gar nix. Sehen Sie jetzt die Kunst,
geht aufrecht hat Rock und Hosen, hat ein Säbel! Ho!
Mach Kompliment! So bist Baron. Gib Kuss! *(Er trom-
petet.)* Michel ist musikalisch.

[ergänzt aus H2,3]

Sehn Sie die Fortschritte der Zivilisation. Alles schrei-
tet fort, ein Pferd, ein Aff, ein Kanaillevogel. Der Aff ist

Marginal notes:

+++
unleserliche
Stellen

Potentaten
gekrönten
Häuptern

gelehrten
Sozietäten
wissenschaft-
lichen Vereini-
gungen

schießt Pistol los
→ Seite 111

rapräsentation
→ Seite 112

commencement
(frz.) Anfang

Rock Jacke,
Jackett

Kompliment
Verbeugung,
ehrerbietige
Geste

Baron Freiherr
(Adelstitel)

schon ein Soldat, 's ist noch nit viel, unterst Stuf von
menschliche Geschlecht!

[ergänzt aus H1,1]

Die rapräsentation anfangen! Man mackt Anfang von
5   Anfang. Es wird sogleich sein das commencement von
commencement.

[**Woyzeck**]. Willst du?

[**Marie**]. Meinetwegen. Das muss schön Dings sein. Was
der Mensch Quasten hat und die Frau hat Hosen.

10

[ergänzt aus H2,5]

Unteroffizier. Tambourmajor.

15 **Unteroffizier.** Halt, jetzt. Siehst du sie! Was ein Weibsbild.

Tambourmajor. Teufel zum Fortpflanzen von Kürassierregimentern und zur Zucht von Tambourmajors.

Unteroffizier. Wie sie den Kopf trägt, man meint das schwarze Haar müsse ihn abwärts ziehn, wie ein

20   Gewicht, und Augen, schw[arz]

Tambourmajor. Als ob man in einen Ziehbrunnen oder zu
einem Schornstein hinunter guckt. Fort hinterdrein.

[**Marie**]. Was Lichter,

[**Woyzeck**]. Ja die Bou++, eine große schwarze Katze mit
25   feurigen Augen. Hei, was ein Abend.

[ergänzt aus H1,2]

Das Innere der Bude.

30

Marktschreier. Zeig dein Talent! zeig deine viehische Ver-
nünftigkeit! Beschäme die menschliche Sozietät! Meine
Herren dies Tier, wie Sie da sehn, Schwanz am Leib, auf

---

mackt
französierend
für ›macht‹

Quasten Fran-
sen als Verzie-
rungen an Klei-
dungsstücken

Kürassier-
regimentern
→ Seite112

hinterdrein
südhessisch
für ›hinterher‹

eine große …
feurigen Augen
in Anlehnung an
die südhessische
Redewendung
›feirige Age
(wie a Katz)‹

Sozietät
(frz. ›société‹)
Gesellschaft

seinen 4 Hufen ist Mitglied von allen gelehrten Sozie-
täten, ist Professor an mehren Universitäten wo die
Studenten bei ihm reiten und schlagen lernen. Das war
einfacher Verstand! Denk jetzt mit der doppelten raison.
Was machst du wann du mit der doppelten Räson   5
denkst? Ist unter der gelehrten société da ein Esel?
(Der Gaul schüttelt den Kopf.) Sehn sie jetzt die doppelte
Räson! Das ist Viehsionomik. Ja das ist kein viehdummes
Individuum, das ist eine Person! Ein Mensch, ein tieri-
scher Mensch und doch ein Vieh, eine bête, *(Das Pferd*   10
führt sich ungebührlich auf.) So beschäme die société!
Sehn Sie das Vieh ist noch Natur unverdorbne Natur!
Lernen Sie bei ihm. Fragen Sie den Arzt es ist höchst
schädlich! Das hat geheißen Mensch sei natürlich, du
bist geschaffen Staub, Sand, Dreck. Willst du mehr sein,   15
als Staub, Sand, Dreck? Sehn Sie was Vernunft, es kann
rechnen und kann doch nit an den Fingern herzählen,
warum? Kann sich nur nit ausdrücken, nur nit explizie-
ren, ist ein verwandter Mensch! Sag den Herren, wie viel
Uhr es ist. Wer von den Herren und Damen hat eine Uhr,   20
eine Uhr.

[**Tambourmajor**]. Eine Uhr! *(Zieht großartig und gemessen
eine Uhr aus der Tasche.)* Da mein Herr. (Das ist ein
Weibsbild guckt sieben Paar lederne Hosen durch.)
[**Marie**]. Das muss ich sehn. *(Sie klettert auf den 1. Platz.*   25
[Tambourmajor] hilft ihr.)

[Szene 4]

Marie *sitzt, ihr Kind auf dem Schoß,*
ein Stückchen Spiegel in der Hand.

bespiegelt sich. Was die Steine glänze! Was sind's für?
Was hat er gesagt? – Schlaf Bub! Drück die Auge zu, fest,
(das Kind versteckt die Augen hinter den Händen) noch fes-
ter, bleib so, still oder er holt dich *(singt)*

> Mädel mach's Ladel zu
> 's kommt e Zigeunerbu
> Führt dich an deiner Hand
> Fort ins Zigeunerland.

spiegelt sich wieder. 's ist gewiss Gold! Unsereins hat nur
ein Eckchen in der Welt und ein Stückchen Spiegel und
doch hab ich einen so rote[n] Mund als die großen Madamen mit ihren Spiegeln von oben bis unten und ihren
schönen Herrn, die ihnen die Händ' küssen; ich bin nur
ein arm Weibsbild. – *(Das Kind richtet sich auf.)* Still Bub,
die Auge zu, das Schlafengelchen! wie's an der Wand
läuft *(sie blinkt mit dem Glas)* die Auge zu, oder es sieht
dir hinein, dass du blind wirst.

Woyzeck *tritt herein, hinter sie. Sie fährt auf*
mit den Händen nach den Ohren.

Woyzeck. Was hast du?
Marie. Nix.
Woyzeck. Unter deinen Fingern glänzt's ja.
Marie. Ein Ohrringlein; hab's gefunden.

Steine hier:
Edelsteine

er holt dich
→ Seite 112

Mädel …
Zigeunerland.
→ Seite 112

spiegelt sich …
arm Weibsbild.
→ Seite 112

großen
Madamen
hochgestellten,
vornehmen
Damen

Weibsbild
einfache Frau

das Schlafengel-
chen … dass du
blind wirst.
→ Seite 113

Woyzeck. Ich hab so noch nix gefunden, zwei auf einmal.

Marie. Bin ich ein Mensch?

Woyzeck. 's ist gut, Marie. – Was der Bub schläft. Greif ihm unters Ärmchen der Stuhl drückt ihn. Die hellen Tropfen stehn ihm auf der Stirn; alles Arbeit unter der Sonn, sogar Schweiß im Schlaf. Wir arme Leut! Das is wieder Geld Marie, die Löhnung und was von mein'm Hauptmann.

Marie. Gott vergelt's Franz.

Woyzeck. Ich muss fort. Heut Abend, Marie. Adies.

Marie *allein nach einer Pause.* Ich bin doch ein schlecht Mensch. Ich könnt mich erstechen. – Ach! Was Welt? Geht doch alles zum Teufel, Mann und Weib.

ein Mensch
→ Seite 113

Was südhes-sisch für: Wie

Alles Arbeit … im Schlaf.
→ Seite 113

Wir arme Leut!
→ Seite 113

Löhnung Sold für einfache Soldaten

was von mein'm Hauptmann
→ Seite 113

Adies
→ Seite 113

5

10

15

[Szene 5]

Hauptmann
→ Seite 113

Der Hauptmann. Woyzeck.
Hauptmann *auf einem Stuhl,* **Woyzeck** *rasiert ihn.*

20

eins nach dem andern
→ Seite 113

Er
→ Seite 113

schwindlich seinerzeit verbreitete Suffixbildung bei Adjektiven (›-ch‹ statt ›-g‹)

Hauptmann. Langsam, Woyzeck, langsam; eins nach dem andern; Er macht mir ganz schwindlich. Was soll ich dann mit den zehn Minuten anfangen, die Er heut zu früh fertig wird? Woyzeck, bedenk Er, Er hat noch seine schöne dreißig Jahr zu leben, dreißig Jahr! macht 360 Monate, und Tage, Stunden, Minuten! Was will Er denn mit der ungeheuren Zeit all anfangen? Teil Er sich ein, Woyzeck.

25

Woyzeck. Ja wohl, Herr Hauptmann.

30

Hauptmann. Es wird mir ganz angst um die Welt, wenn ich an die Ewigkeit denke. Beschäftigung, Woyzeck, Beschäftigung! Ewig das ist ewig, das ist ewig, das siehst

du ein; nun ist es aber wieder nicht ewig und das ist ein
Augenblick, ja, ein Augenblick – Woyzeck es schaudert
mich, wenn ich denk, dass sich die Welt in einem Tag
herumdreht, was eine Zeitverschwendung, wo soll das
5 hinaus? Woyzeck, ich kann kein Mühlrad mehr sehn,
oder ich werd melancholisch.

Woyzeck. Ja wohl, Herr Hauptmann.

Hauptmann. Woyzeck Er sieht immer so verhetzt aus, ein
guter Mensch tut das nicht, ein guter Mensch, der sein
10 gutes Gewissen hat. – Red Er doch was Woyzeck. Was
ist heut für Wetter?

Woyzeck. Schlimm, Herr Hauptmann, schlimm; Wind.

Hauptmann. Ich spür's schon, 's ist so was Geschwindes
draußen; so ein Wind macht mir den Effekt wie eine
15 Maus. *(Pfiffig.)* Ich glaub wir haben so was aus Süd-Nord.

Woyzeck. Ja wohl, Herr Hauptmann.

Hauptmann. Ha! ha! ha! Süd-Nord! Ha! ha! ha! O Er ist
dumm, ganz abscheulich dumm. *(Gerührt.)* Woyzeck,
Er ist ein guter Mensch, ein guter Mensch – aber *(mit*
20 *Würde)* Woyzeck, Er hat keine Moral! Moral das ist
wenn man moralisch ist, versteht Er. Es ist ein gutes
Wort. Er hat ein Kind, ohne den Segen der Kirche, wie
unser hochehrwürdiger Herr G[ar]nisonsprediger sagt,
ohne den Segen der Kirche, es ist nicht von mir.

25 **Woyzeck.** Herr Hauptmann, der liebe Gott wird den armen
Wurm nicht drum ansehn, ob das Amen drüber gesagt
ist, eh er gemacht wurde. Der Herr sprach: Lasset die
Kindlein zu mir kommen.

Hauptmann. Was sagt Er da? Was ist das für 'ne kuriose
30 Antwort? Er macht mich ganz konfus mit Seiner Antwort. Wenn ich sag: Er, so mein ich Ihn, Ihn,

Woyzeck. Wir arme Leut. Sehn Sie, Herr Hauptmann, Geld,
Geld. Wer kein Geld hat. Da setz einmal einer seinsglei-

verhetzt um-
gangssprach-
liche Verstärkung
von ›gehetzt‹

Geschwindes
Heftiges,
Ungestümes

*ohne den Segen
der Kirche*
unehelich

*Garnisonspredi-
ger* Militärgeist-
licher am Trup-
penstandort

Wurm mitlei-
dig-zärtlich für
›hilfloses kleines
Geschöpf‹

*Der Herr sprach:
... zu mir kom-
men.*
→ Seite 114

Fleisch und Blut
→ Seite 114

einmal
nun einmal

in der und der
andern Welt
→ Seite 114

wenn wir in
Himmel kämen,
so müssten wir
donnern helfen
→ Seite 114

gemeinen
allgemeinen,
einfachen

wenn ich ein
Herr wär ...
tugendhaft sein
→ Seite 114

en anglaise
→ Seite 115

Diskurs Ge-
spräch, Unter-
haltung (nach
frz. ›discours‹)

chen auf die Moral in die Welt. Man hat auch sein
Fleisch und Blut. Unsereins ist doch einmal unselig in
der und der andern Welt, ich glaub wenn wir in Himmel
kämen, so müssten wir donnern helfen.

Hauptmann. Woyzeck Er hat keine Tugend, Er ist kein   5
tugendhafter Mensch. Fleisch und Blut? Wenn ich am
Fenster lieg, wenn es geregnet hat und den weißen
Strümpfen so nachsehe, wie sie über die Gassen springen, – verdammt Woyzeck, – da kommt mir die Liebe.
Ich hab auch Fleisch und Blut. Aber Woyzeck, die Tu-   10
gend, die Tugend! Wie sollte ich dann die Zeit herum-
bringen? Ich sag mir immer du bist ein tugendhafter
Mensch, *(gerührt)* ein guter Mensch, ein guter Mensch.

Woyzeck. Ja Herr Hauptmann, die Tugend! Ich hab's noch
nicht so aus. Sehn Sie wir gemeinen Leut, das hat keine   15
Tugend, es kommt einem nur so die Natur, aber wenn
ich ein Herr wär und hätt ein Hut und eine Uhr und
en anglaise und könnt vornehm reden, ich wollt schon
tugendhaft sein. Es muss was Schöns sein um die Tugend, Herr Hauptmann. Aber ich bin ein armer Kerl.   20

Hauptmann. Gut Woyzeck. Du bist ein guter Mensch,
ein guter Mensch. Aber du denkst zu viel, das zehrt,
du siehst immer so verhetzt aus. Der Diskurs hat mich
ganz angegriffen. Geh jetzt und renn nicht so; langsam
hübsch langsam die Straße hinunter.   25

[Szene 6]

Marie. Tambour-Major.

Tambour-Major. Marie!

Marie *ihn ansehend, mit Ausdruck.* Geh einmal vor dich hin.
– Über die Brust wie ein Stier und ein Bart wie ein Löw
… So ist keiner … Ich bin stolz vor allen Weibern.

Tambour-Major. Wenn ich am Sonntag erst den großen Federbusch hab und die weißen Handschuh, Donnerwetter,
Marie, der Prinz sagt immer: Mensch, Er ist ein Kerl.

Marie *spöttisch.* Ach was! *(Tritt vor ihn hin.)* Mann!

Tambour-Major. Und du bist auch ein Weibsbild, Sapperment, wir wollen eine Zucht von Tambour-Majors
anlegen. He? *(Er umfasst sie.)*

Marie *verstimmt.* Lass mich!

Tambour-Major. Wild Tier.

Marie *heftig.* Rühr mich an!

Tambour. Sieht dir der Teufel aus den Augen?

Marie. Meinetwegen. Es ist alles eins.

[Szene 7]

Marie. Woyzeck.

Franz *sieht sie starr an, schüttelt den Kopf.* Hm! Ich seh
nichts, ich seh nichts. O, man müsst's sehen, man
müsst's greifen können mit Fäusten.

Marie *verschüchtert.* Was hast du Franz? Du bist hirnwütig
Franz.

mit Ausdruck
wie auf der Bühne

*Ich bin stolz vor
allen Weibern.*
→ Seite 115

*Wenn ich am
Sonntag … der
Prinz sagt immer:*
→ Seite 115

ein Kerl
›ein echtes
Mannsbild‹

Sapperment
aus ›Sakrament‹
gebildetes
Fluchwort

Rühr mich an!
Rühr mich nur an!
(im Sinne von:
… nicht an!)

*Sieht dir der
Teufel aus den
Augen?* Rede-
wendung zur
Bezeichnung
einer tempe-
ramentvollen,
erotisch anzie-
henden Frau

mit Fäusten
mit den Händen

hirnwütig
rasend, verrückt

so dick und
so breit
südhessische
Redewendung

Keine Blase
drauf?
→ Seite 115

im Fieber
→ Seite 115

Dieweil
Solange

Franz. Eine Sünde so dick und so breit. (Es stinkt dass man die Engelchen zum Himmel hinaus räuchern könnt.) Du hast ein roten Mund, Marie. Keine Blase drauf? Adieu, Marie, du bist schön wie die Sünde – Kann die Todsünde so schön sein?   5

Marie. Franz, du red'st im Fieber.

Franz. Teufel! – Hat er da gestanden, so, so?

Marie. Dieweil der Tag lang und die Welt alt ist, können viel Menschen an einem Platz stehn, einer nach dem andern.   10

Woyzeck. Ich hab ihn gesehn.

Marie. Man kann viel sehn, wenn man 2 Augen hat und man nicht blind ist und die Sonn scheint.

Woyzeck. Mit seinen Armen.

Marie *keck*. Und wenn auch.   15

[Szene 8]

20

Woyzeck. Der Doktor.

Ein Mann
von Wort.
→ Seite 115

Groschen
→ Seite 115

Doktor. Was erleb ich Woyzeck? Ein Mann von Wort.

Woyzeck. Was denn Herr Doktor?

Doktor. Ich hab's gesehn Woyzeck; Er hat auf Straß gepisst,   25
an die Wand gepisst wie ein Hund. Und doch 2 Groschen
täglich. Woyzeck das ist schlecht, die Welt wird schlecht,
sehr schlecht.

Woyzeck. Aber Herr Doktor, wenn einem die Natur kommt.

Doktor. Die Natur kommt, die Natur kommt! Die Natur!   30

musculus con-
strictor vesicae
(lat.) Blasen-
schließmuskel

Hab ich nicht nachgewiesen, dass der musculus constric-
tor vesicae dem Willen unterworfen ist? Die Natur! Woyzeck, der Mensch ist frei, in dem Menschen verklärt sich

die Individualität zur Freiheit. Den Harn nicht halten
können! *(Schüttelt den Kopf, legt die Hände auf den
Rücken und geht auf und ab.)* Hat Er schon seine Erbsen
gegessen, Woyzeck? – Es gibt eine Revolution in der
5   Wissenschaft, ich sprenge sie in die Luft. Harnstoff, 0,10,
salzsaures Ammonium, Hyperoxydul.
Woyzeck muss Er nicht wieder pissen? Geh Er einmal
hinein und probier Er's.

Woyzeck. Ich kann nit Herr Doktor.

10 **Doktor** *mit Affekt.* Aber auf die Wand pissen! Ich hab's
schriftlich, den Akkord in der Hand. Ich hab's gesehn,
mit diesen Augen gesehn, ich streckte grade die Nase
zum Fenster hinaus und ließ die Sonnenstrahlen hinein-
fallen, um das Niesen zu beobachten, *(Tritt auf ihn los.)*
15 Nein Woyzeck, ich ärger mich nicht, Ärger ist ungesund,
ist unwissenschaftlich. Ich bin ruhig ganz ruhig, mein
Puls hat seine gewöhnlichen 60 und ich sag's Ihm mit der
größten Kaltblütigkeit! Behüte wer wird sich über einen
Menschen ärgern, einen Menschen! Wenn es noch ein
20 proteus wäre, der einem kre[pier]t! Aber er hätte doch
nicht an die Wand pissen sollen –

Woyzeck. Sehn Sie Herr Doktor, manchmal hat man so 'nen
Charakter, so 'ne Struktur. – Aber mit der Natur ist's was
anders, sehn Sie mit der Natur *(er kracht mit den Fingern)*
25 das ist so was, wie soll ich doch sagen, z. B.

Doktor. Woyzeck, Er philosophiert wieder.

Woyzeck *vertraulich.* Herr Doktor haben Sie schon was von
der doppelten Natur gesehn? Wenn die Sonn in Mittag
steht und es ist als ging die Welt im Feuer auf hat schon
30 eine fürchterliche Stimme zu mir gered't!

Doktor. Woyzeck, Er hat eine aberratio.

Woyzeck *legt den Finger an die Nase.* Die Schwämme Herr
Doktor. Da, da steckt's. Haben Sie schon gesehn in was

*dem Willen
unterworfen …
Individualität
zur Freiheit*
→ Seite 115

Erbsen
→ Seite 116

*Revolution in
der Wissenschaft*
→ Seite 116

Harnstoff, 0,10
→ Seite 116

*salzsaures
Ammonium*
→ Seite 116

Hyperoxydul
→ Seite 117

Affekt
→ Seite 117

Akkord Vertrag
(von frz. ›accord‹)

*das Niesen zu
beobachten*
→ Seite 117

proteus
→ Seite 118

*Wenn die Sonn
… zu mir gered't!*
→ Seite 118

in Mittag
→ Seite 118

aberratio
(lat.) Abirrung

Schwämme
Pilze

in was für Figuren … Wer das lesen könnt.
→ Seite 118

abberatio, mentalis partialis
→ Seite 118

Spezies Art

für Figuren die Schwämme auf dem Boden wachsen. Wer das lesen könnt.

Doktor. Woyzeck Er hat die schönste aberratio, mentalis partialis der zweiten Spezies, sehr schön ausgeprägt, Woyzeck Er kriegt Zulage. Zweiter Spezies, fixe Idee, mit allgemein vernünftigem Zustand, Er tut noch alles wie sonst, rasiert seinen Hauptmann!

Woyzeck. Ja, wohl.

Doktor. Isst seine Erb[s]en?

die menage den Haushalt, die gemeinschaftliche Wirtschaft

Woyzeck. Immer ordentlich Herr Doktor. Das Geld für die menage kriegt meine Frau.

Doktor. Tut seinen Dienst,

Woyzeck. Ja wohl.

casus (lat.) Fall

Subjekt in einem Abhängigkeitsverhältnis stehende Person, etwa ein Diener oder ein Gehilfe

Doktor. Er ist ein interessanter casus, Subjekt Woyzeck Er kriegt Zulage. Halt Er sich brav. Zeig Er seinen Puls! Ja.

[Szene 9]

Hauptmann. Doktor.

Hauptmann. Herr Doktor, die Pferde machen mir ganz Angst; wenn ich denke, dass die armen Bestien zu Fuß gehn müssen. Rennen Sie nicht so. Rudern Sie mit Ihrem Stock nicht so in der Luft. Sie hetzen sich ja hinter dem Tod drein. Ein guter Mensch, der sein gutes Gewissen hat, geht nicht so schnell. Ein guter Mensch. *(Er erwischt den Doktor am Rock.)* Herr Doktor erlauben Sie, dass ich ein Menschen[l]eben rette, Sie schießen Herr Doktor, ich bin so schwermütig, ich habe so was Schwärmerisches, ich muss immer weinen, wenn ich meinen Rock an der Wand hängen sehe, da hängt er.

Rock (siehe Seite 8)

schießen sind beängstigend schnell unterwegs

so schwermütig … was Schwärmerisches
→ Seite 118

Doktor. Hm, auf[ge]dunsen, fett, dicker Hals, apoplektische
Konstitution. Ja Herr Hauptmann Sie können eine apoplexia cerebralis kriechen, Sie können sie aber vielleicht
auch nur auf der einen Seite bekommen, und dann auf
5   der einen gelähmt sein, oder aber Sie können im besten
Fall geistig gelähmt werden und nur fortvegetieren, das
sind so o[h]ngefähr Ihre Aussichten auf die nächsten
4 Wochen. Übrigens kann ich Sie versichern, dass Sie
einen von den interessanten Fällen abgeben und wenn
10 Gott will, dass Ihre Zunge zum Teil gelähmt wird, so
machen wir die unsterblichsten Experimente.
Hauptmann. Herr Doktor erschrecken Sie mich nicht, es
sind schon Leute am Schreck gestorben, am bloßen hellen Schreck. – Ich sehe schon die Leute mit den Zitronen
15 in den Händen, aber sie werden sagen, er war ein guter
Mensch, ein guter Mensch – Teufel Sargnagel
Doktor *[hält ihm den Hut hin]*. Was ist das Herr Hauptmann? Das ist Hohlkopf.
Hauptmann *macht eine Falte*. Was ist das Herr Doktor,
20 das ist Einfalt.
Doktor. Ich empfehle mich, geehrtester Herr Exerzierzagel.
Hauptmann. Gleichfalls, bester Herr Sargnagel. –
[ergänzt aus H 2,7]
Ha Woyzeck, was hetzt Er sich so an mir vorbei. Bleib Er
25 doch Woyzeck. Er läuft ja wie ein offnes Rasiermesser
durch die Welt, man schneid't sich an Ihm, Er läuft als
hätt Er ein Regiment Kosaken zu rasieren und würde gehenkt über dem letzten Haar nach einer Viertelstunde –
aber, über die langen Bärte, was wollt' ich doch sagen?
30 Woyzeck – die langen Bärte
Doktor. Ein langer Bart unter dem Kinn, schon Plinius
spricht davon, man muss es den Soldaten abgewöhnen,
die, die,

*aufgedunsen,
fett, dicker Hals,
apoplektische
Konstitution*
→ Seite 118

*apoplexia
cerebralis*
Gehirnschlag

kriechen
(südhessische
Aussprache
von) kriegen

ohngefähr
im 19. Jahrhun-
dert übliche
Form von
›ungefähr‹

ich Sie versichern
ich Ihnen ver-
sichern (da-
mals korrekter
Sprachgebrach)

*Zitronen in
den Händen*
→ Seite 118

Sargnagel
redensartlich
für jemanden,
der einen ›in
den Sarg bringt‹

Exerzierzagel
→ Seite 118

*Kosaken …
die langen Bärte*
→ Seite 118

*schon Plinius
spricht davon*
→ Seite 119

Hauptmann *fährt fort.* Hä? über die langen Bärte? Wie is
Woyzeck hat Er noch nicht ein Haar aus einem Bart in
Seiner Schüssel gefunden? He Er versteht mich doch, ein

Sapeur
→ Seite 119

Haar von einem Menschen vom Bart eines Sapeur, eines
Unteroffizier, eines – eines Tambourmajor? He Woyzeck? 5
Aber Er hat eine brave Frau. Geht Ihm nicht wie andern.
Woyzeck. Ja wohl! Was wollen Sie sagen Herr Hauptmann?
Hauptmann. Was der Kerl ein Gesicht macht! Er steckt
++++++st++ct, in den Himmel nein, muss nun auch nicht
in der Suppe, aber wenn Er sich eilt und um die Eck geht, 10
so kann Er vielleicht noch auf Paar Lippen eins finden,
ein Paar Lippen, Woyzeck, ich habe wieder die Liebe
gefühlt, Woyzeck.
Kerl Er ist ja kreideweiß.
Woyzeck. Herr Hauptmann, ich bin ein armer Teufel, – und 15
hab sonst nichts – auf der Welt Herr Hauptmann, wenn
Sie Spaß machen –
Hauptmann. Spaß ich, dass dich Spaß, Kerl!

*den Puls, klein,
hart hüpfend,
ungleich*
→ Seite 119

Doktor. Den Puls Woyzeck, den Pul[s], klein, hart hüpfend,
ungleich. 20
Woyzeck. Herr Hauptmann, die Erd ist höllenheiß, mir
eiskalt, eiskalt, die Hölle ist kalt, wollen wir wetten.
Unmöglich. Mensch! Mensch! unmöglich.
Hauptmann. Kerl, will Er erschossen, will ein paar Ku-
geln vor den Kopf haben[?] Er ersticht mich mit seinen 25
Augen, und ich mein es gut [mit] ihm, weil Er ein guter
Mensch ist Woyzeck, ein guter Mensch.
Doktor. Gesichtsmuskeln starr, gespannt, zuweilen hüpfend,
Haltung aufgerichtet gespannt.
Woyzeck. Ich geh! Es ist viel möglich. Der Mensch! Es ist 30
viel möglich.
Wir haben schön Wetter Herr Hauptmann. Sehn Sie
so ein schönen, festen grauen Himmel, man könnte Lust

bekommen, einen Kloben hineinzuschlagen und sich
daran zu hängen, nur wegen des Gedankenstrichels zwischen ja und nein, ja – und nein, Herr Hauptmann ja
und nein? Ist das Nein am Ja oder das Ja am Nein Schuld.

5   Ich will drüber nachdenken,
    (Geht mit breiten Schritten ab, erst langsam dann immer
    schneller.)
    Doktor *[schießt ihm nach].* Phänomen, Woyzeck, Zulage.
    Hauptmann. Mir wird ganz schwindlich vor den Menschen,

10 wie schnell, der lange Schlegel greift aus, es läuft der
    Schatten von einem Spinnenbein. Und der Kurze, das
    zuckelt. Der Lange ist der Blitz und der Kleine der Don-
    ner. Hähä, hinterdrein. Das hab ich nicht gern! Ein guter
    Mensch ist dankbar und hat sein Leben lieb, ein guter

15 Mensch hat keine courage nicht! Ein Hundsfott hat
    courage! Ich bin bloß in Krieg gangen um mich in mei-
    ner Liebe zum Leben zu befestigen. Von der Angst zur
    Angst, von da zum Krieg von da zur courage, wie man
    zu so Gedanken kommt, grotesk! grotesk!

20

Kloben starken
eisernen Haken

Schlegel hier
wohl in südhes-
sischer Mundart
und übertrage-
ner Bedeutung:
derber, unge-
hobelter Kerl

courage (frz.)
Mut, Schneid

Hundsfott
→ Seite 119

[Szene 10]

25   *Der Hof des* **Professors.**
    Studenten *unten, der* **Professor** *am Dachfenster.*

    [**Professor**]. Meine Herrn, ich bin auf dem Dach, wie David,
    als er die Bathseba sah; aber ich sehe nichts als die culs

30 de Paris der Mädchenpension im Garten trocknen. Meine
    Herrn wir sind an der wichtigen Frage über das Verhält-
    nis des Subjektes zu[m] Objekt, wenn wir nur eins von
    den Dingen nehmen, worin [sich] die organische Selbst-

*Der Hof des
Professors*
→ Seite 119

*wie David, als er
die Bathseba sah*
→ Seite 119

culs de Paris
→ Seite 119

Selbstaffirmation
Selbstbejahung
affirmation des Göttlichen, auf einem der hohen Stand-
punkte manifestiert und Ihre Verhältnisse zum Raum, zur
Erde, zum Plan[et]arischen untersuchen, meine Herrn,
wenn ich diese Katze zum Fenster hinauswerfe, wie wird

*centrum
gravitationis*
Schwerpunkt
diese Wesenheit sich zum centrum gravitationis und dem   5
eignen Instinkt verhalten. He Woyzeck, *(brüllt)* Woyzeck!

Woyzeck. Herr Professor sie beißt.

Professor. Kerl, Er greift die Bestie so zärtlich an, als wär's
seine Großmutter.

Woyzeck. Herr Doktor ich hab's Zittern.   10

Doktor *ganz erfreut.* Ei, Ei, schön Woyzeck. *(Reibt sich die
Hände.) (Er nimmt die Katze.)* Was seh ich meine Herrn,
die neue Spezies Hühnerlaus, eine schöne Spezies, wesent-

enfoncé von frz.
›enfoncer‹ ›tief
in etwas hinein-
gehen‹
lich verschieden, enfoncé, der Herr Doktor *(er zieht eine
Lupe heraus)* Ricinus, meine Herrn – *(Die Katze läuft fort.)*   15
Meine Herrn, das Tier hat keinen wissenschaftlichen In-

Ricinus latei-
nischer Gat-
tungsname der
Geflügel- oder
Pelzlaus
stinkt, Ricinus, herauf, die schönsten Exemplare, bringen
Sie Ihre Pelzkragen. Meine Herrn, Sie können dafür was
anders sehen, sehen Sie der Mensch, seit einem Vierteljahr
isst er nichts als Erbsen, bemerkten Sie die Wirkung, füh-   20
len Sie einmal was ein ungleicher Puls, da und die Augen.

Woyzeck. Herr Doktor es wird mir dunkel. *(Er setzt sich.)*

Doktor. Courage Woyzeck noch ein paar Tage, und dann
ist's fertig, fühlen Sie meine Herrn fühlen Sie, *(Sie be-
ta[s]ten ihm Schläfe, Puls und Busen.)*   25
À propos, Woyzeck, beweg den Herren doch einmal die
Ohren, ich hab es Ihnen schon zeigen wollen, Zwei Mus-

Allons frisch! im
Südhessischen
in verschiedenen
Varianten belegte
Redewendung:
›Auf geht's, mit
frischem Mut!‹
keln sind bei ihm tätig. Allon[s] frisch!

Woyzeck. Ach Herr Doktor!

Doktor. Bestie, soll ich dir die Ohren bewegen; willst du's   30
machen wie die Katze. So meine Herrn, das sind so Über-
gänge zum Esel, häufig auch infolge weiblicher Erziehung. Und die Muttersprache. Wie viel Haare hat dir

deine Mutter zum Andenken schon ausgerissen aus Zärt-
lichkeit, sie sind dir ja ganz dünn geworden, seit ein paar
Tagen, ja die Erbsen, meine Herren.

[Szene 11]

Die Wachtstube.
Woyzeck. Andres.

Andres *singt.*

Frau Wirtin hat ’ne brave Magd
Sie sitzt im Garten Tag und Nacht
Sie sitzt in ihrem Garten ...

Woyzeck. Andres!

Andres. Nu?

Woyzeck. Schön Wetter.

Andres. Sonntagso[nn]wetter und Musik vor der Stadt. Vorhin sind [d]ie Weibsbilder hinaus, die Menscher dämpfen,
das geht.

Woyzeck *unruhig.* Tanz, Andres, sie tanzen.

Andres. Im Rössel und im Sternen.

Woyzeck. Tanz, Tanz.

Andres. Meinetwegen.

Sie sitzt in ihrem Garten
bis dass das Glöcklein zwölfe schlägt
Und passt auf die Solda – aten.

Woyzeck. Andres, ich hab keine Ruh.

Andres. Narr!

Woyzeck. Ich muss hinaus. Es dreht sich mir vor den Augen.
was sie heiße Händ haben. Verdammt Andres!

Andres. Was willst du?

Frau Wirtin ... auf die Solda – aten.
→ Seite 119

dämpfen
südhessisch
für: schwitzen,
dünsten
Schweiß aus

passt auf
wartet auf

Narr!
Spaßmacher!
aber auch:
Verrückter!

Woyzeck. Ich muss fort.

Andres. Mit dem Mensch.

Woyzeck. Ich muss hinaus, 's ist so heiß da hie.

[Etwa drei Zeilen unbeschrieben]

[Szene 12]

Wirtshaus.
Die Fenster offen, Tanz. Bänke vor dem Haus. **Bursche[n].**

1. Handwerksbursch.

Ich hab ein Hemdlein an …
→ Seite 120

    Ich hab ein Hemdlein an 15
    das ist nicht mein
    Meine Seele stinkt nach Brandewein, –

Brandewein zeitgenössisch gängige Nebenform zu ›Branntwein‹

2. Handwerksbursch. Bruder, soll ich dir aus Freundschaft ein Loch in die Natur machen? Verdammt. Ich will ein Loch in die Natur machen. Ich bin auch ein Kerl, du 20 weißt, ich will ihm alle Flöh am Leib totschlagen.

ein Loch in die Natur machen? gemeint ist wohl: eine (Stich-) Wunde zufügen?

1. Handwerksbursch. Meine Seele, meine Seele stinkt nach Brandewein. – Selbst das Geld geht in Verwesung über. Vergissmeinnicht. Wie ist diese Welt so schön. Bruder, ich muss ein Regenfass voll greinen. Ich wollt unsre 25 Nasen wären zwei Bouteillen und wir könnten sie uns einander in den Hals gießen.

greinen mit verzerrtem Mund weinen

Bouteillen (frz.) Flaschen (im Südhessischen üblich)

Die andern im Chor.

    Ein Jäger aus der Pfalz,
    ritt einst durch einen grünen Wald, 30
    Halli, halloh! Gar lustig ist die Jägerei
    Allhier auf grüner Heid
    Das Jagen ist mei Freud.

Ein Jäger aus der Pfalz … mei Freud.
→ Seite 120

Woyzeck *stellt sich ans Fenster.* **Marie** *und der* **Tambourmajor** *tanzen vorbei, ohne ihn zu bemerken.*

Marie *im Vorbeitanzen.* immer, zu, immer zu.
5 **Woyzeck** *erstickt.* Immer zu. – immer zu. *(Fährt heftig auf und sinkt zurück auf die Bank.)* Immer zu immer zu, *(schlägt die Hände ineinander)* dreht euch, wälzt euch, warum bläst Gott nicht [die] Sonn aus, dass alles in Unzucht sich übernanderwälzt, Mann und Weib, Mensch
10 und Vieh. Tut's am hellen Tag, tut's einem auf den Händen, wie die Mücken. – Weib. –
Das Weib ist heiß, heiß! – Immer zu, immer zu, *(fährt auf)* der Kerl! Wie er an ihr herumtappt, an ihrem Leib, er rührt sie an –
15 **1. Handwerksbursch** *predigt auf dem Tisch.* Jedoch wenn ein Wandrer, der gelehnt steht an den Strom der Zeit oder aber sich die göttliche Weisheit beantwortet und sich anredet: Warum ist der Mensch? Warum ist der Mensch? – Aber wah[r]lich ich sage euch, von was hätte der Land-
20 mann, der Weißbinder, der Schuster, der Arzt leben sollen, wenn Gott den Menschen nicht geschaffen hätte? Von was hätte der Schneider leben sollen, wenn er dem Menschen nicht die Empfindung der Scham eingepflanzt, von was der Soldat, wenn [er] ihn nicht mit dem Bedürf-
25 nis sich totzuschlagen ausgerüstet hätte? Darum zweifelt nicht, ja ja, es ist lieblich und fein, aber alles Irdische ist eitel, selbst das Geld geht in Verwesung über. – Zum Beschluss, meine geliebten Zuhörer lasst uns noch übers Kreuz pissen, damit ein Jud stirbt.

Mann und Weib, Mensch und Vieh
→ Seite 120

Jedoch wenn ein Wandrer … meine geliebten Zuhörer
→ Seite 120

Landmann Bauer

Weißbinder Anstreicher, Tüncher

eitel nichtig, vergeblich

übers Kreuz pissen, damit ein Jud stirbt
→ Seite 120

[Szene 13]

Freies Feld.
Woyzeck.

Immer zu! immer zu! Still Musik. – *(Reckt sich gegen den Boden)* He was, was sagt ihr? Lauter, lauter, stich, stich die Zickwolfin tot? Stich, stich die Zickwolfin tot. Soll ich? Muss ich? Hör ich's da noch, sagt's der Wind auch? Hör ich's immer, immer zu, stich tot, tot.

[Szene 14]

Nacht.
Andres *und* **Woyzeck** *in einem Bett.*

in einem Bett → Seite 120

Woyzeck *schüttelt Andres.* Andres! Andres! ich kann nit schlafen, wenn ich die Augen zumach, dreht sich's immer und ich hör die Geigen, immer zu, immer zu. Und dann spricht's aus der Wand, hörst du nix?

ich kann nit schlafen → Seite 120

Andres. Ja, – lass sie tanzen – Gott behüt uns, Amen. *(Schläft wieder ein.)*
Woyzeck. Es zieht mir zwischen den Augen wie ein Messer.
Andres. Du musst Sch[na]ps trinken und Pulver drein, das schneid't das Fieber.

Du musst Schnaps trinken und Pulver drein, das schneid't das Fieber. → Seite 120

[Szene 15]

Wirtshaus.
Tambour-Major. Woyzeck. Leute.

Tambour-Major. Ich bin ein Mann! *(Schlägt sich auf die Brust.)*
Ein Mann sag ich.
Wer will was? Wer kein besoffner Herrgott ist der lass
sich von mir. Ich will ihm die Nas ins Arschloch prügeln.
Ich will – *(zu Woyzeck)* da Kerl, sauf, der Mann muss
saufen, ich wollt die Welt wär Sch[n]aps, Schnaps
Woyzeck *pfeift.*
Tambour-Major. Kerl, soll ich dir die Zung aus dem Hals
ziehn und sie um den Leib herumwickeln? *(Sie ringen,*
Woyzeck verliert.) Soll ich dir noch so viel Atem lassen
als ein Altweiberfurz, soll ich?
Woyzeck *setzt sich erschöpft zitternd auf eine Bank.*
Tambour-Major. Der Kerl soll dunkelblau pfeifen.
Ha.

> Brandewein das ist mein Leben
> Brandwein gibt courage!

Einer. Der hat sein Fett.
Andrer. Er blut'.
Woyzeck. Eins nach dem andern.

der lass sich von mir südhessisch für: der halte sich von mir fern

dunkelblau pfeifen im Südhessischen ein verächtlicher Ausdruck für einen, der ›auf dem letzten Loch pfeift‹, restlos unterlegen und gedemütigt ist

[Szene 16]

Woyzeck. Der Jude.

Woyzeck. Das Pistolchen ist zu teuer.
Jud. Nu, kauft's oder kauft's nit, was is?

Der Jude
→ Seite 121

Nu
→ Seite 121

Woyzeck. Was kost' das Messer.

Jud. 's ist gar, grad! Wollt Ihr Euch den Hals mit abschneiden, nu, was is es? Ich gäb's Euch so wohlfeil wie ein andrer, Ihr sollt Euren Tod wohlfeil haben, aber doch nit umsonst. Was is es? Er soll einen ökonomischen Tod haben. 5

Woyzeck. Das kann mehr als Brot schneiden.

Jud. Zwei Groschen.

Woyzeck. Da! *(Geht ab.)*

Jud. Da! Als ob's nichts wär. Und es is doch Geld. Der Hund. 10

[Szene 17]

15

[Marie. Das Kind. Der Narr.]

Marie *allein, blättert in der Bibel.* Und ist kein Betrug in seinem Munde erfunden. Herrgott. Herrgott! Sieh mich nicht an. *(Blättert weiter:)* Aber die Pharisäer brachten 20 ein Weib zu ihm, im Ehebruche begriffen und stelleten sie ins Mittel dar. – Jesus aber sprach: So verdamme ich dich auch nicht. Geh hin und sündige hinfort nicht mehr. *(Schlägt die Hände zusammen).* Herrgott! Herrgott! Ich kann nicht. Herrgott gib mir nur so viel, dass ich beten 25 kann. *(Das Kind drängt sich an sie.)* Das Kind, gibt mir einen Stich ins Herz. Fort! Das brüht sich in der Sonne!

Narr *liegt und erzählt sich Märchen an den Fingern.* Der hat die goldne Kron, der Herr König. Morgen hol ich der Frau Königin ihr Kind. Blutwurst sagt: Komm 30 Leberwurst. *(Er nimmt das Kind und wird still.)*

[Marie]. Der Franz is nit gekommen, gestern nit, heut nit, es wird heiß hie. *(Sie macht das Fenster auf.)* Und trat hin-

wohlfeil preiswert

ökonomischen sparsamen, effizienten (im Verhältnis von finanziellem Aufwand und Ertrag)

Der Narr → Seite 121

Und ist kein Betrug in seinem Munde erfunden. → Seite 121

aber die Pharisäer ... hinfort nicht mehr → Seite 121

Stich ins Herz → Seite 121

brüht südhessisch für: wärmt

Morgen hol ich ... ihr Kind. → Seite 121

Blutwurst sagt: Komm Leberwurst. → Seite 122

ein zu seinen Füßen und weinete und fing an seine Füße zu netzen mit Tränen und mit den Haaren ihres Hauptes zu trocknen und küssete seine Füße und salbete sie mit Salben. *(Schlägt sich auf die Brust.)* Alles tot! Heiland,
5 Heiland ich möchte dir die Füße salben.

[Szene 18]

10

Kaserne.
Andres. Woyzeck *kramt in seinen Sachen.*

Woyzeck. Das Kamisolchen Andres, ist nit zur Montur, du
15 kannst's brauchen Andres. Das Kreuz is meiner Schwester und das Ringlein, ich hab auch noch ein Heiligen, zwei Herzen und schön Gold, es lag in meiner Mutter Bibel und da steht:

Leiden sei all mein Gewinst,
20 Leiden sei mein Gottesdienst,
Herr wie dein Leib war rot und wund
So lass mein Herz sein aller Stund.

Meine Mutter fühlt nur noch, wenn ihr die Sonn auf die Händ scheint! Das tut nix.
25 **Andres** *ganz starr, sagt zu allem:* Ja wohl.
Woyzeck *zieht ein Papier hervor.* Friedrich Johann Franz Woyzeck, geschworner Füsilier im 2. Regiment, 2. Bata[i]llon, 4. Compagnie, geb. Mariä Verkündigung, ich bin heut den 20. Juli alt 30 Jahre 7 Monat' und 12 Tage.
30 **Andres.** Franz, du kommst ins Lazarett. Armer du musst Schnaps trinken und Pulver drin das töt' das Fieber.
Woyzeck. Ja Andres, wann der Schreiner die Hobelspän hobelt, es weiß niemand, wer sein Kopf drauf legen wird.

Und trat hinein … mit Salben.
→ Seite 122

Das Kamisolchen … ist nit zur Montur
→ Seite 122

Heiligen
Heiligenbild

Leiden … Gottesdienst.
→ Seite 122

Friedrich Johann Franz
→ Seite 123

geschworner Füsilier
→ Seite 123

2. Regiment, 2. Bataillon, 4. Compagnie
→ Seite 123

Mariä Verkündigung
→ Seite 123

30 Jahre
→ Seite 123

[Szene 19]

[Marie] mit **Mädchen** *vor der Haustür.*

Mädchen.

Wie scheint die Sonn ... rote S+k
→ Seite 124

Wie scheint die Sonn St. Lichtmesstag
Und steht das Korn im Blühn.
Sie gingen wohl die Straße hin
Sie gingen zu zwei und zwein
Die Pfeifer gingen vorn
Die Geiger hinterdrein.
Sie hatten rote S+k

Warum? ... Aber warum darum?
→ Seite 124

1. Kind. 's ist nit schön.
2. [Kind]. Was willst du auch immer.
[Kind]. Was hast zuerst angefangen.
[Kind]. Ich kann nit.
[Kind]. Warum?
[Kind]. Darum?
[Kind]. Aber warum darum?
[Kind]. Es muss singen.
[Kind]. Margrethchen sing du uns.
[Marie]. Kommt ihr kleine Krabben!

Margrethchen
Gemeint ist Marie, die in der ersten Entwurfsstufe (H1) noch Margreth heißt. (H4 endet nach [Szene 18].)

Krabben
scherzhafte Anrede der kleinen Kinder

Ringle, ringel Rosenkranz
→ Seite 124

Ringle, ringel Rosenkranz. König Herodes.
Großmutter erzähl.

König Herodes
→ Seite 124

Großmutter. Es war einmal ein arm Kind und hat kein Vater
und keine Mutter war alles tot und war niemand mehr
auf der Welt. Alles tot, und es ist hingangen und hat gerrt
Tag und Nacht. Und wie auf die Erd niemand mehr war,
wollt's in Himmel gehn, und der Mond guckt es so
freundlich an und wie's endlich zum Mond kam, war's
ein Stück faul Holz und da ist es zur Sonn 'gangen und
wie's zur Sonn kam war's eine verwelkte Sonnenblume
und wie's zu den Sternen kam, waren's kleine goldne

Es war einmal ein arm Kind ... ist ganz allein
→ Seite 124

gerrt
laut geweint

und wie's endlich zum Mond kam, war's ein Stück faul Holz
→ Seite 125

Mücken die waren angesteckt wie der Neuntöter sie auf
die Schlehen steckt und wie's wieder auf die Erd wollt,
war die Erd ein umgestürzter Hafen und war ganz allein
und da hat sich's hingesetzt und gerrt und da sitzt es
5   noch und ist ganz allein

[**Woyzeck**]. Margreth!
[**Marie**] *erschreckt.* Was ist.
[**Woyzeck**]. [Marie] wir wollen gehn 's ist Zeit,
[**Marie**]. Wohinaus.
10   [**Woyzeck**]. Weiß ich's?

Neuntöter
→ Seite 125

Schlehen
→ Seite 125

Hafen ein Topf
aus gebranntem
Ton; im Südhes-
sischen kann
auch ein Nacht-
topf gemeint
sein.

Wohinaus
südhessisch
für: Wohin

[Szene 20]

15

*[*Marie*] und [* Woyzeck*].*

[**Marie**]. Also dort hinaus ist die Sta[dt] 's ist [f]inster.
[**Woyzeck**]. Du sollst noch bleiben. Komm setz dich.
20   [**Marie**]. Aber ich muss fort.
[**Woyzeck**]. Du würdest dir die Füße nicht wund lau[fen].
[**Marie**]. Wie bist du denn auch?
[**Woyzeck**]. Weißt du auch wie lang es jetzt ist Margreth?
[**Marie**]. Um Pfingsten 2 Jahr.
25   [**Woyzeck**]. Weißt du auch wie lang es noch sein wird?
[**Marie**]. Ich muss fort der Nacht[t]au fällt.
[**Woyzeck**]. Friert's dich Margreth, und doch bist du warm.
Was du heiße Lippen hast! (Heiß, heißer Hurenatem und
doch möcht ich de[n] Himmel geben sie noch einmal zu
30   küssen.)
Sterben und wenn man kalt ist, so friert man nicht mehr.
Du wirst vom Morgentau nicht frieren.
[**Marie**]. Was sagst du?

Margreth
Wie bereits in
der vorigen Szene
ist Marie gemeint,
wenn Woyzeck
»Margreth«
sagt (vgl. die
Erläuterung
auf Seite 30:
Margrethchen).

Was der Mond
rot aufgeht.
→ Seite 125

[**Woyzeck**]. Nix. *(Schweigen.)*

[**Marie**]. Was der Mond rot aufgeht.

[**Woyzeck**]. Wie ein blutig Eisen.

[**Marie**]. Was hast du vor? Louis, du bist so blass. Louis halt.
Um des Himmels w[illen], he Hülfe.   5

[**Woyzeck**]. Nimm das und das! Kannst du nicht sterben.
So! so! Ha sie zuckt noch, noch nicht noch nicht? Immer
noch? *(Stößt zu.)*
Bist du tot? Tot! Tot! *(Es kommen Leute, läuft weg.)*

10

Louis
Gemeint ist
Woyzeck, der in
der ersten Ent-
wurfsstufe (vgl.
die Erläuterung
auf Seite 30:
Margrethchen)
noch Louis
heißt.

[Szene 21]

Es kommen **Leute**.   15

1. P[erson]. Halt!

2. P[erson]. Hörst du? Still! Dort.

1. [Person]. Uu! Da! Was ein Ton.

2. [Person]. Es ist das Wasser, es ruft, schon lang ist   20
niemand ertrunken. Fort 's ist nicht gut, es zu hören.

1. [Person]. Und jetzt wieder. Wie ein Mensch der stirbt.

duftig
dunstig

2. [Person]. Es ist unheimlich, so duftig – halb Nebel, grau
und das Summen der Käfer wie gesprungne Glocken.
Fort!   25

1. [Person]. Nein, zu deutlich, zu laut. Da hinauf. Komm mit.

[Szene 22]

Das Wirtshaus.

[**Woyzeck**]. Tanzt alle, immer zu, schwitzt und stinkt, er holt
euch doch einmal alle. *(Singt.)*

Frau Wirtin …
die Soldaten.
(siehe Seite 23
und Seite 119)

> Frau Wirtin hat 'ne brave Magd
> Sie sitzt im Garten Tag und Nacht
> Sie sitzt in ihrem Garten
> Bis dass das Glöcklein zwölfe schlägt
> Und passt auf die Soldaten.

(Er tanzt.) So Käthe! Setz dich! Ich hab heiß! heiß *(er zieht
den Rock aus)* es ist einmal so, der Teufel holt die eine
und lässt die andre laufen.

Ich hab heiß!
Mir ist heiß!

Käthe du bist heiß! Warum denn Käthe du wirst auch
noch kalt werden. Sei vernünftig. Kannst du nicht singen?

[**Käthe**].

> Ins Schwabeland das mag ich nicht
> Und lange Kleider trag ich nicht
> Denn lange Kleider spitze Schuh,
> Die kommen keiner Dienstmagd zu.

Ins Schwabe-
land … Dienst-
magd zu.
→ Seite 125

[**Woyzeck**]. Nein, keine Schuh, man kann auch ohne Schuh
in die Höll gehn.

man kann auch
ohne Schuh in
die Höll gehn
→ Seite 126

[**Käthe**].

> O pfui mein Schatz das war nicht fein.
> Behalt dein Taler und schlaf allein.

[**Woyzeck**]. Ja wahrhaftig, ich möchte mich nicht blutig
machen.

Käthe. Aber was hast du an deiner Hand.

[**Woyzeck**]. Ich? Ich?

Käthe. Rot, Blut. *(Es stellen sich Leute um sie.)*

[**Woyzeck**]. Blut? Blut?

Wirt. Uu Blut.

[**Woyzeck**]. Ich glaub ich hab mich geschnitten, da an
die rechte Hand.

Wirt. Wie kommt's aber an den Ellenbogen? 5

[**Woyzeck**]. Ich hab's abgewischt.

Wirt. Was mit der rechten Hand an den rechten Ellbogen.
Ihr seid geschickt.

Narr. Und da hat der Riese gesagt: Ich riech, ich riech, ich
riech Menschenfleisch. Puh. Der stinkt schon. 10

[**Woyzeck**]. Teufel, was wollt ihr? Was geht's euch an? Platz!
oder der erste [–] Teufel. Meint ihr ich hätt jemand um-
gebracht? Bin ich Mörder? Was gafft ihr! Guckt euch
selbst an. Platz da. *(Er läuft hinaus.)*

15

Und da hat der Riese gesagt: … ich riech Menschenfleisch. → Seite 126

Der stinkt schon. → Seite 126

[Szene 23]

Kinder. 20

1. Kind. Fort. Margrethe!

2. Kind. Was is.

1. Kind. Weißt du's nit? Sie sind schon alle hinaus. Draußen
liegt eine. 25

2. Kind. Wo?

1. [**Kind**]. Links über die Lochschneis in die Wäldchen,
am roten Kreuz.

2. [**Kind**]. Fort, dass wir noch was sehen. Sie tragen [sie]
sonst hinein. 30

Margrethe Gemeint ist Marie (vgl. die Erläuterung auf Seite 30: Margrethchen).

Links über die Lochschneis in die Wäldchen, am roten Kreuz. → Seite 126

[Szene 24]

*[**Woyzeck**] allein.*

Das Messer? Wo ist das Messer? Ich hab es dagelassen.
Es verrät mich! Näher, noch näher! Was ist das für ein
Platz? Was hör ich? Es rührt sich was. Still. Da in der
Nähe. Margreth? Ha Margreth! Still. Alles still! *(Was
bist du so bleich, Margreth? Was hast du eine rote Schnur
um den Hals? Bei wem hast du das Halsband verdient,
mit deiner Sünde? Du warst schwarz davon, schwarz!
Hab ich dich jetzt gebleicht. Was hängen deine schwar-
zen Haare, so wild? Hast du deine Zöpfe heut nicht ge-
flochten?)* Da liegt was! Kalt, nass, stille. Weg von dem
Platz, das Messer, das Messer hab ich's? So! Leute – Dort.
(Er läuft weg.)

Margreth
Marie

[Szene 25]

*[**Woyzeck**] an einem Teich.*

So da hinunter! *(Er wirft das Messer hinein.)* Es taucht in
das dunkle Wasser, wie Stein! Der Mond ist wie ein blutig
Eisen! Will denn die ganze Welt es ausplaudern? Nein es
liegt zu weit vorn, wenn sie sich baden *(er geht in den
Teich und wirft weit)* so jetzt, aber im Sommer, wenn sie
tauchen nach Muscheln, bah es wird rostig. Wer kann's
erkennen[?] Hätt ich es zerbrochen. Bin ich noch blutig?
Ich muss mich waschen. Da ein Fleck und da noch einer.

[Szene 26]

Gerichtsdiener. Barbier. Arzt. Richter.

Barbier
→ Seite 126

Pol[izeidiener]. Ein guter Mord, ein echter Mord, ein
schöner Mord, so schön als man ihn nur verlangen
tun kann, wir haben schon lange so keinen gehabt. – –
(**Barbier**, *dogmatischer Atheist. Lang, hager, feig, possierlich,*
Wissenschaftler)

dogmatischer
Atheist starrer
Verfechter der
Nichtexistenz
Gottes

possierlich
drollig,
schnurrig

[Szene 27]

Der Idiot. Das Kind. Woyzeck.

Karl *hält das Kind vor sich auf dem Schoß.* Der is ins Wasser
gefallen, der is ins Wasser gefallen, wie, der is ins Wasser
gefallen.
Woyzeck. Bub, Christian.
Karl *sieht i[h]n sta[r]r an.* Der is ins Wasser gefallen,
Woyzeck *will das Kind liebkosen, es wendet sich weg und*
schreit. Herrgott!
Karl. Der is ins Wasser gefallen.
Woyzeck. Christianchen, du bekommst en Reuter, sa sa.
(Das Kind wehrt sich.) (Zu Karl.) Da kauf dem Bub en
Reuter.
Karl *sieht i[h]n starr an.*
Woyzeck. Hopp! hopp! Ross.
Karl *jauchzend.* Ho! hopp! Ross! Ross. *(Läuft mit dem Kind*
weg.)

en Reuter
einen ›Reiter‹,
was in der hes-
sischen Mundart
eine Bezeich-
nung für eine
Art Leb-
kuchen ist

Der Hessische Landbote.

Erste Botschaft.

Darmstadt, im Juli 1834.

Vorbericht.

Dieses Blatt soll dem hessischen Lande die Wahrheit melden, aber wer die Wahrheit sagt, wird gehenkt, ja sogar der, welcher die Wahrheit liest, wird durch meineidige Richter vielleicht gestraft. Darum haben die, welchen dies Blatt zukommt, folgendes zu beobachten:

1) Sie müssen das Blatt sorgfältig außerhalb ihres Hauses vor der Polizei verwahren;
2) sie dürfen es nur an treue Freunde mittheilen;
3) denen, welchen sie nicht trauen, wie sich selbst, dürfen sie es nur heimlich hinlegen;
4) würde das Blatt dennoch bei Einem gefunden, der es gelesen hat, so muß er gestehen, daß er es eben dem Kreisrath habe bringen wollen;
5) wer das Blatt nicht gelesen hat, wenn man es bei ihm fin- det, der ist natürlich ohne Schuld.

Friede den Hütten! Krieg den Pallästen!

Im Jahr 1834 sieht es aus, als würde die Bibel Lügen gestraft. Es sieht aus, als hätte Gott die Bauern und Handwerker am 5ten Tage, und die Fürsten und Vornehmen am 6ten gemacht, und als hätte der Herr zu diesen gesagt: Herrschet über alles Gethier, das auf Erden kriecht, und hätte die Bauern und Bürger zum Gewürm gezählt. Das Leben der Vornehmen ist ein langer Sonntag, sie wohnen in schönen Häusern, sie tragen zierliche Kleider, sie haben feiste Gesichter und reden eine eigne Sprache; das Volk aber liegt vor ihnen wie Dünger auf dem Acker. Der Bauer geht hinter dem Pflug, der Vornehme aber geht hinter ihm und dem Pflug und treibt ihm mit den Ochsen am Pflug, er nimmt das Korn und läßt ihm die Stoppeln. Das Leben des Bauern ist ein langer Werktag; Fremde verzehren vor seinen Augen, sein Leib ist eine Schwiele, sein Schweiß ist das Salz auf dem Tische des Vornehmen.

Im Großherzogthum Hessen sind 718,373 Einwohner, die geben an den Staat jährlich an 6,363,364 Gulden, als

1) Direkte Steuern	2,128,131	fl.
2) Indirecte Steuern	2,478,264	„
3) Domänen	1,547,394	„
4) Regalien	46,938	„
5) Geldstrafen	98,511	„
6) Verschiedene Quellen	64,198	„
	6,363,363	fl.

Dies Geld ist der Blutzehnte, der von dem Leib des Volkes genommen wird. An 700,000 Menschen schwitzen, stöhnen und hungern dafür. Im Namen des Staates wird es erpreßt, die Presser berufen sich auf die Regierung und die Regierung sagt, das sey nöthig die Ordnung im Staat zu erhalten. Was ist denn nun das für gewaltiges Ding: der Staat? Wohnt eine Anzahl Menschen in einem Land und es sind Verordnungen oder Gesetze vorhanden, nach denen jeder sich richten muß, so sagt man, sie bilden einen Staat. Der Staat also sind Alle; die Ordner im Staate sind die Gesetze, durch welche das Wohl Aller gesichert wird, und die aus dem Wohl Aller hervorgehen sollen. — Seht nun, was man in dem Großherzogthum aus dem Staat gemacht hat; seht was es heißt: die Ordnung im Staate erhalten!

Georg Büchner

Der Hessische Landbote

Der Hessische Landbote

Erste Botschaft

5

Darmstadt, im Juli 1834.

Vorbericht.

10

Dieses Blatt soll dem hessischen Lande die Wahrheit melden, aber wer die Wahrheit sagt, wird gehenkt, ja sogar der,
welcher die Wahrheit liest, wird durch meineidige Richter
vielleicht gestraft. Darum haben die, welchen dies Blatt zu-
15 kommt, Folgendes zu beobachten:
1) Sie müssen das Blatt sorgfältig außerhalb ihres Hauses
   vor der Polizei verwahren;
2) sie dürfen es nur an treue Freunde mitteilen;
3) denen, welchen sie nicht trauen, wie sich selbst, dürfen
20 sie es nur heimlich hinlegen;
4) würde das Blatt dennoch bei einem gefunden, der es gelesen hat, so muss er gestehen, dass er es eben dem Kreisrat
   habe bringen wollen;
5) wer das Blatt nicht gelesen hat, wenn man es bei ihm fin-
25 det, der ist natürlich ohne Schuld.

Friede den Hütten! Krieg den Palästen!

30 Im Jahr 1834 siehet es aus, als würde die Bibel Lügen gestraft. Es sieht aus, als hätte Gott die Bauern und Handwerker am 5ten Tage, und die Fürsten und Vornehmen am 6ten
gemacht, und als hätte der Herr zu diesen gesagt: Herrschet

Der Hessische
Landbote
→ Seite 127

Erste Botschaft
→ Seite 127

Darmstadt, im
Juli 1834
→ Seite 127

Vorbericht
→ Seite 127

beobachten
beachten

nicht trauen,
wie sich selbst
nicht ebenso
trauen wie
sich selbst

Friede den
Hütten! Krieg
den Palästen!
→ Seite 127

als hätte …
Gewürm gezählt
→ Seite 128

Vornehmen
→ Seite 128

über alles Getier, das auf Erden kriecht, und hätte die Bauern und Bürger zum Gewürm gezählt. Das Leben der Vornehmen ist ein langer Sonntag, sie wohnen in schönen Häusern, sie tragen zierliche Kleider, sie haben feiste Gesichter und reden eine eigne Sprache; das Volk aber liegt vor ihnen wie 5 Dünger auf dem Acker. Der Bauer geht hinter dem Pflug, der Vornehme aber geht hinter ihm und dem Pflug und treibt ihm mit den Ochsen am Pflug, er nimmt das Korn und lässt ihm die Stoppeln. Das Leben des Bauern ist ein langer Werktag; Fremde verzehren seine Äcker vor seinen Augen, sein 10 Leib ist eine Schwiele, sein Schweiß ist das Salz auf dem Tische des Vornehmen.

Im Großherzogtum Hessen sind 718,373 Einwohner, die geben an den Staat jährlich an 6,363,364 Gulden, als

zierliche präch-
tige, glänzende

feiste fette

*er nimmt
das Korn*
→ Seite 128

*Fremde ...
Augen*
→ Seite 128

*718,373
Einwohner*
→ Seite 128

Gulden
→ Seite 129

15

1) Direkte Steuern	2,128,131 fl.
2) Indirekte Steuern	2,478,264 "
3) Domänen	1,547,394 "
4) Regalien	46,938 "
5) Geldstrafen	98,511 "
6) Verschiedene Quellen	64,198 "

20

6,363,363 fl.

der Blutzehnte
→ Seite 129

Dies Geld ist der Blutzehnte, der von dem Leib des Volkes 25 genommen wird. An 700,000 Menschen schwitzen, stöhnen und hungern dafür. Im Namen des Staates wird es erpresst, die Presser berufen sich auf die Regierung und die Regierung sagt, das sei nötig die Ordnung im Staat zu erhalten. Was ist

für gewaltiges
für ein gewal-
tiges

denn nun das für gewaltiges Ding: der Staat? Wohnt eine 30 Anzahl Menschen in einem Land und es sind Verordnungen oder Gesetze vorhanden, nach denen jeder sich richten muss, so sagt man, sie bilden einen Staat. Der Staat also sind

Alle; die Ordner im Staate sind die Gesetze, durch welche
das Wohl Aller gesichert wird, und die aus dem Wohl Aller hervorgehen sollen. – Seht nun, was man in dem Großherzogtum aus dem Staat gemacht hat; seht was es heißt: die
5 Ordnung im Staate erhalten! 700,000 Menschen bezahlen dafür 6 Millionen, d. h. sie werden zu Ackergäulen und Pflug-
stieren gemacht, damit sie in Ordnung leben. In Ordnung
leben heißt hungern und geschunden werden.

Wer sind denn die, welche diese Ordnung gemacht haben,
10 und die wachen, diese Ordnung zu erhalten? Das ist die
Großherzogliche Regierung. Die Regierung wird gebildet
von dem Großherzog und seinen obersten Beamten. Die anderen Beamten sind Männer, die von der Regierung berufen
werden, um jene Ordnung in Kraft zu erhalten. Ihre Anzahl
15 ist Legion: Staatsräte und Regierungsräte, Landräte und
Kreisräte, Geistliche Räte und Schulräte, Finanzräte und
Forsträte u. s. w. mit allem ihrem Heer von Sekretären
u. s. w. Das Volk ist ihre Herde, sie sind seine Hirten, Melker
und Schinder; sie haben die Häute der Bauern an, der Raub
20 der Armen ist in ihrem Hause; die Tränen der Witwen und
Waisen sind das Schmalz auf ihren Gesichtern; sie herrschen
frei und ermahnen das Volk zur Knechtschaft. Ihnen gebt ihr
6,000,000 fl. Abgaben; sie haben dafür die Mühe, euch zu re-
gieren; d. h. sich von euch füttern zu lassen und euch eure
25 Menschen- und Bürgerrechte zu rauben. Sehet, was die Ern-
te eures Schweißes ist.

Für das Ministerium des Innern und der Gerechtigkeits-
pflege werden bezahlt 1,110,607 Gulden. Dafür habt ihr einen Wust von Gesetzen, zusammengehäuft aus willkürli-
30 chen Verordnungen aller Jahrhunderte, meist geschrieben in
einer fremden Sprache. Der Unsinn aller vorigen Geschlech-
ter hat sich darin auf euch vererbt, der Druck, unter dem sie
erlagen, sich auf euch fortgewälzt. Das Gesetz ist das Eigen-

aus dem
Wohl Aller
→ Seite 129

Ihre Anzahl
ist Legion
→ Seite 129

Staatsräte
→ Seite 130

Das Volk …
Schinder
→ Seite 130

sie haben
die Häute der
Bauern an
→ Seite 130

der Raub …
Hause
→ Seite 130

Menschen- und
Bürgerrechte
→ Seite 130

tum einer unbedeutenden Klasse von Vornehmen und Gelehrten, die sich durch ihr eignes Machwerk die Herrschaft zuspricht. Diese Gerechtigkeit ist nur ein Mittel, euch in Ordnung zu halten, damit man euch bequemer schinde; sie spricht nach Gesetzen, die ihr nicht versteht, nach Grundsätzen, von denen ihr nichts wisst, Urteile, von denen ihr nichts begreift. Unbestechlich ist sie, weil sie sich gerade teuer genug bezahlen lässt, um keine Bestechung zu brauchen. Aber die meisten ihrer Diener sind der Regierung mit Haut und Haar verkauft. Ihre Ruhestühle stehen auf einem Geldhaufen von 461,373 Gulden (so viel betragen die Ausgaben für die Gerichtshöfe und die Kriminalkosten). Die Fräcke, Stöcke und Säbel ihrer unverletzlichen Diener sind mit dem Silber von 197,502 Gulden beschlagen (so viel kostet die Polizei überhaupt, die Gendarmerie u. s. w.). Die Justiz ist in Deutschland seit Jahrhunderten die Hure der deutschen Fürsten. Jeden Schritt zu ihr müsst ihr mit Silber pflastern, und mit Armut und Erniedrigung erkauft ihr ihre Sprüche. Denkt an das Stempelpapier, denkt an euer Bücken in den Amtsstuben, und euer Wachestehen vor denselben. Denkt an die Sporteln für Schreiber und Gerichtsdiener. Ihr dürft euern Nachbar verklagen, der euch eine Kartoffel stiehlt; aber klagt einmal über den Diebstahl, der von Staatswegen unter dem Namen von Abgabe und Steuern jeden Tag an eurem Eigentum begangen wird, damit eine Legion unnützer Beamten sich von eurem Schweiße mästen: klagt einmal, dass ihr der Willkür einiger Fettwänste überlassen seid und dass diese Willkür Gesetz heißt, klagt, dass ihr die Ackergäule des Staates seid, klagt über eure verlorne Menschenrechte: Wo sind die Gerichtshöfe, die eure Klage annehmen, wo die Richter, die rechtsprächen? – Die Ketten eurer Vogelsberger Mitbürger, die man nach Rockenburg schleppte, werden euch Antwort geben.

unverletzlichen
unantastbaren,
sakrosankten

Gendarmerie
Polizei im ländlichen Raum

das Stempelpapier
→ Seite 131

die Sporteln
→ Seite 131

Schreiber
→ Seite 131

Gerichtsdiener
→ Seite 131

Fettwänste
→ Seite 131

Die Ketten …
schleppte
→ Seite 131

Und will endlich ein Richter oder ein andrer Beamte von den wenigen, welchen das Recht und das gemeine Wohl lieber ist, als ihr Bauch und der Mamon, ein Volksrat und kein Volksschinder sein, so wird er von den obersten Räten des Fürsten selber geschunden.

Für das Ministerium der Finanzen 1,551,502 fl.

Damit werden die Finanzräte, Obereinnehmer, Steuerboten, die Untererheber besoldet. Dafür wird der Ertrag eurer Äcker berechnet und eure Köpfe gezählt. Der Boden unter euren Füßen, der Bissen zwischen euren Zähnen ist besteuert. Dafür sitzen die Herren in Fräcken beisammen und das Volk steht nackt und gebückt vor ihnen, sie legen die Hände an seine Lenden und Schultern und rechnen aus, wie viel es noch tragen kann, und wenn sie barmherzig sind, so geschieht es nur, wie man ein Vieh schont, das man nicht so sehr angreifen will.

Für das Militär wird bezahlt 914,820 Gulden.

Dafür kriegen eure Söhne einen bunten Rock auf den Leib, ein Gewehr oder eine Trommel auf die Schulter und dürfen jeden Herbst einmal blind schießen, und erzählen, wie die Herren vom Hof, und die ungeratenen Buben vom Adel allen Kindern ehrlicher Leute vorgehen, und mit ihnen in den breiten Straßen der Städte herumziehen mit Trommeln und Trompeten. Für jene 900,000 Gulden müssen eure Söhne den Tyrannen schwören und Wache halten an ihren Palästen. Mit ihren Trommeln übertäuben sie eure Seufzer, mit ihren Kolben zerschmettern sie euch den Schädel, wenn ihr zu denken wagt, dass ihr freie Menschen seid. Sie sind die gesetzlichen Mörder, welche die gesetzlichen Räuber schützen, denkt an Södel! Eure Brüder, eure Kinder waren dort Brüder- und Vatermörder.

Für die Pensionen 480,000 Gulden.

Dafür werden die Beamten aufs Polster gelegt, wenn sie

Und will … geschunden.
→ Seite 132

gemeine
allgemeine

ihr Bauch
→ Seite 132

der Mamon
→ Seite 132

Obereinnehmer
leitender
Beamter der
Steuerbehörde

sie legen … Lenden und Schultern
→ Seite 132

einen bunten Rock bildlich
für: Uniform

jeden Herbst einmal blind schießen
→ Seite 132

vorgehen beim
Exerzieren als
Vorgesetzte
voranschreiten
und sie herum-
kommandieren

Södel
→ Seite 132

eine gewisse Zeit dem Staate treu gedient haben, d. h. wenn sie eifrige Handlanger bei der regelmäßig eingerichteten Schinderei gewesen, die man Ordnung und Gesetz heißt.

Für das Staatsministerium und den Staatsrat 174,600 Gulden.

allerwärts
überall

Die größten Schurken stehen wohl jetzt allerwärts in Deutschland den Fürsten am nächsten, wenigstens im Großherzogtum: Kommt ja ein ehrlicher Mann in einen Staatsrat,

ja
→ Seite 132

so wird er ausgestoßen. Könnte aber auch ein ehrlicher Mann jetzo Minister sein oder bleiben, so wäre er, wie die Sachen stehn in Deutschland, nur eine Drahtpuppe, an der

Drahtpuppe
Marionette

die fürstliche Puppe zieht und an dem fürstlichen Popanz zieht wieder ein Kammerdiener oder ein Kutscher oder seine

nur eine
Drahtpuppe
… zusammen
→ Seite 132

Frau und ihr Günstling, oder sein Halbbruder – oder alle zusammen. In Deutschland stehet es jetzt, wie der Prophet Mi-

Popanz
→ Seite 132

cha schreibt, Kap. 7, V. 3 und 4: »Die Gewaltigen raten nach ihrem Mutwillen, Schaden zu tun, und drehen es, wie sie es

Günstling
Geliebter

wollen. Der Beste unter ihnen ist wie ein Dorn, und der Redlichste wie eine Hecke.« Ihr müsst die Dörner und Hecken

In Deutschland
… bezahlen
→ Seite 133

teuer bezahlen; denn ihr müsst ferner für das großherzogliche Haus und den Hofstaat 827,772 Gulden bezahlen.

Die Anstalten, die Leute, von denen ich bis jetzt gesprochen, sind nur Werkzeuge, sind nur Diener. Sie tun nichts in

Ludwig von
Gottes Gnaden
→ Seite 133

ihrem Namen, unter der Ernennung zu ihrem Amt, steht ein L. das bedeutet L u d w i g von Gottes Gnaden und sie spre-

Feldgeschrei
→ Seite 133

chen mit Ehrfurcht: »im Namen des Großherzogs.« Dies ist ihr Feldgeschrei, wenn sie euer Gerät versteigern, euer Vieh

euer Gerät …
Kerker werfen
→ Seite 133

wegtreiben, euch in den Kerker werfen. Im Namen des Großherzogs sagen sie, und der Mensch, den sie so nennen, heißt:

Menschenkinde
(Bibelsprache)

unverletzlich, heilig, souverän, königliche Hoheit. Aber tretet zu dem Menschenkinde und blickt durch seinen Fürsten-

es kroch …
hinausgetragen
→ Seite 133

mantel. Es isst, wenn es hungert, und schläft wenn sein Auge dunkel wird. Sehet, es kroch so nackt und weich in die Welt, wie ihr und wird so hart und steif hinausgetragen, wie ihr, und doch hat es seinen Fuß auf eurem Nacken, hat 700,000 Menschen an seinem Pflug, hat Minister die verantwortlich sind, für das, was es tut, hat Gewalt über euer Eigentum durch die Steuern, die es ausschreibt, über euer Leben, durch die Gesetze, die es macht, es hat adlige Herrn und Damen um sich, die man Hofstaat heißt, und seine göttliche Gewalt vererbt sich auf seine Kinder mit Weibern, welche aus ebenso übermenschlichen Geschlechtern sind.

Wehe über euch Götzendiener! – Ihr seid wie die Heiden, die das Krokodil anbeten, von dem sie zerrissen werden. Ihr setzt ihm eine Krone auf, aber es ist eine Dornenkrone, die ihr euch selbst in den Kopf drückt; ihr gebt ihm ein Szepter in die Hand, aber es ist eine Rute, womit ihr gezüchtigt werdet; ihr setzt ihn auf euern Thron, aber es ist ein Marterstrahl für euch und eure Kinder. Der Fürst ist der Kopf des Blutigels, der über euch hinkriecht, die Minister sind seine Zähne und die Beamten sein Schwanz. Die hungrigen Mägen aller vornehmen Herren, denen er die hohen Stellen verteilt, sind Schröpfköpfe, die er dem Lande setzt. Das L. was unter seinen Verordnungen steht, ist das Mahlzeichen des Tieres, das die Götzendiener unserer Zeit anbeten. Der Fürstenmantel ist der Teppich, auf dem sich die Herren und Damen vom Adel und Hofe in ihrer Geilheit übereinander wälzen – mit Orden und Bändern decken sie ihre Geschwüre und mit kostbaren Gewändern bekleiden sie ihre aussätzigen Leiber. Die Töchter des Volks sind ihre Mägde und Huren, die Söhne des Volks ihre Lakaien und Soldaten. Geht einmal nach Darmstadt und seht, wie die Herren sich für euer Geld dort lustig machen, und erzählt dann euern hungernden Weibern und Kindern, dass ihr Brot an fremden Bäuchen herrlich angeschlagen sei, erzählt ihnen von den schönen Kleidern, die in ihrem Schweiß gefärbt, und von

Wehe über …
und eure Kinder.
→ Seite 133

Ihr setzt …
Dornenkrone
→ Seite 133

eine Rute … gezüchtigt werdet
→ Seite 133

Marterstrahl
→ Seite 133

Der Fürst … steinichten Äckern
→ Seite 133

Blutigels
→ Seite 133

Schröpfköpfe
→ Seite 133

das Mahlzeichen des Tieres
→ Seite 134

kostbaren
teuren

Die Töchter
des Volks
→ Seite 134

lustig machen
vergnügen

Rat schaffen
Abhilfe leisten,
beistehen
→ Seite 134

die Lampen
... illuminiert
→ Seite 134

Das alles ...
Teil von Judas!
→ Seite 134

diese Regierung
sei von Gott
→ Seite 134

Vater der Lügen
→ Seite 134

deutschen Kaiser
... gewählt wurde
→ Seite 135

Wahl hier: freie
Bestimmung

Gewalt Macht

Wesen und Tun
→ Seite 135

Sie zertreten
... des Elenden
→ Seite 135

einen Gesalbten
des Herrn
→ Seite 135

Über ein Kleines
... auferstehn
→ Seite 135

ein Freistaat
eine Republik

Gebet dem
Kaiser... Judas!
→ Seite 135

den zierlichen Bändern, die aus den Schwielen ihrer Hände geschnitten sind, erzählt von den stattlichen Häusern, die aus den Knochen des Volks gebaut sind; und dann kriecht in eure rauchigen Hütten und bückt euch auf euren steinichten Äckern, damit eure Kinder auch einmal hingehen können, 5 wenn ein Erbprinz mit einer Erbprinzessin für einen andern Erbprinzen Rat schaffen will, und durch die geöffneten Glastüren das Tischtuch sehen, wovon die Herren speisen und die Lampen riechen, aus denen man mit dem Fett der Bauern illuminiert. Das alles duldet ihr, weil euch Schurken sagen: 10 »diese Regierung sei von Gott.« Diese Regierung ist nicht von Gott, sondern vom Vater der Lügen. Diese deutschen Fürsten sind keine rechtmäßige Obrigkeit, sondern die rechtmäßige Obrigkeit, den deutschen Kaiser, der vormals vom Volke frei gewählt wurde, haben sie seit Jahrhunderten 15 verachtet und endlich gar verraten. Aus Verrat und Meineid, und nicht aus der Wahl des Volkes ist die Gewalt der deutschen Fürsten hervorgegangen, und darum ist ihr Wesen und Tun von Gott verflucht; ihre Weisheit ist Trug, ihre Gerechtigkeit ist Schinderei. Sie zertreten das Land und zer- 20 schlagen die Person des Elenden. Ihr lästert Gott, wenn ihr einen dieser Fürsten einen Gesalbten des Herrn nennt, das heißt: Gott habe die Teufel gesalbt und zu Fürsten über die deutsche Erde gesetzt. Deutschland, unser liebes Vaterland, haben diese Fürsten zerrissen, den Kaiser, den unsere freien 25 Voreltern wählten, haben diese Fürsten verraten und nun fordern diese Verräter und Menschenquäler Treue von euch! – Doch das Reich der Finsternis neigt sich zum Ende. Über ein Kleines und Deutschland, das jetzt die Fürsten schinden, wird als ein Freistaat mit einer vom Volk gewählten Ob- 30 rigkeit wieder auferstehn. Die Heilige Schrift sagt: Gebet dem Kaiser, was des Kaisers ist. Was ist aber dieser Fürsten, der Verräter? – Das Teil von Judas!

Für die Landstände 16,000 Gulden.

Im Jahr 1789 war das Volk in Frankreich müde, länger die Schindmähre seines Königs zu sein. Es erhob sich und berief Männer, denen es vertraute, und die Männer traten zusammen und sagten, ein König sei ein Mensch wie ein anderer auch, er sei nur der erste Diener im Staat, er müsse sich vor dem Volk verantworten und wenn er sein Amt schlecht verwalte, könne er zur Strafe gezogen werden. Dann erklärten sie die Rechte des Menschen: »Keiner erbt vor dem andern mit der Geburt ein Recht oder einen Titel, keiner erwirbt mit dem Eigentum ein Recht vor dem andern. Die höchste Gewalt ist im Willen Aller oder der Mehrzahl. Dieser Wille ist das Gesetz, er tut sich kund durch die Landstände oder die Vertreter des Volks, sie werden von Allen gewählt und jeder kann gewählt werden; diese Gewählten sprechen den Willen ihrer Wähler aus, und so entspricht der Wille der Mehrzahl unter ihnen dem Willen der Mehrzahl unter dem Volke; der König hat nur für die Ausübung der von ihnen erlassenen Gesetze zu sorgen.« Der König schwur dieser Verfassung treu zu sein, er wurde aber meineidig an dem Volke und das Volk richtete ihn, wie es einem Verräter geziemt. Dann schafften die Franzosen die erbliche Königswürde ab und wählten frei eine neue Obrigkeit, wozu jedes Volk nach der Vernunft und der Heiligen Schrift das Recht hat. Die Männer, die über die Vollziehung der Gesetze wachen sollten, wurden von der Versammlung der Volksvertreter ernannt, sie bildeten die neue Obrigkeit. So waren Regierung und Gesetzgeber vom Volk gewählt und Frankreich war ein Freistaat.

Die übrigen Könige aber entsetzten sich vor der Gewalt des französischen Volkes, sie dachten, sie könnten alle über der ersten Königsleiche den Hals brechen und ihre misshandelten Untertanen möchten bei dem Freiheitsruf der Fran-

*Im Jahr 1789 …
wie Frankreich
(Seite 50 unten)*
→ Seite 135

Schindmähre
→ Seite 135

*ein König …
verantworten*
→ Seite 135

*der erste Diener
im Staat*
→ Seite 135

zur Strafe zur
Rechenschaft

*Dann erklärten
sie … sorgen.«*
→ Seite 136

Titel
→ Seite 136

die Landstände
→ Seite 136

von Allen gewählt
→Seite 136

*der König hat
nur … Gesetze
zu sorgen.*
→ Seite 136

*Dann schafften
… Königs-
würde ab*
→ Seite 136

möchten
könnten

Franken hier: Franzosen

reisigem Zeug Kavallerie, berittenen militärischen Einheiten

erhob sich in seiner Kraft → Seite 137

jauchzten die Völker → Seite 137

Napoleon → Seite 137

das Heer ... erfrieren → Seite 137

Bourbonen wieder zu Königen → Seite 137

frei und gleich geschaffen → Seite 138

Julius Juli

Karl den Zehnten → Seite 138

Louis Philipp → Seite 138

Zuchtrute → Seite 138

sollten könnten

zitternd vor Furcht → Seite 138

ken erwachen. Mit gewaltigem Kriegsgerät und reisigem Zeug stürzten sie von allen Seiten auf Frankreich und ein großer Teil der Adligen und Vornehmen im Lande stand auf und schlug sich zu dem Feind. Da ergrimmte das Volk und erhob sich in seiner Kraft. Es erdrückte die Verräter und zer- 5 schmetterte die Söldner der Könige. Die junge Freiheit wuchs im Blut der Tyrannen und vor ihrer Stimme bebten die Throne und jauchzten die Völker. Aber die Franzosen verkauften selbst ihre junge Freiheit für den Ruhm, den ihnen Napoleon darbot, und erhoben ihn auf den Kaiserthron. 10 – Da ließ der Allmächtige das Heer des Kaisers in Russland erfrieren und züchtigte Frankreich durch die Knute der Kosaken und gab den Franzosen die dickwanstigen Bourbonen wieder zu Königen, damit Frankreich sich bekehre vom Götzendienst der erblichen Königsherrschaft und dem Gotte 15 diene, der die Menschen frei und gleich geschaffen. Aber als die Zeit seiner Strafe verflossen war, und tapfere Männer im Julius 1830 den meineidigen König Karl den Zehnten aus dem Lande jagten, da wendete dennoch das befreite Frankreich sich abermals zur halberblichen Königsherrschaft 20 und band sich in dem Heuchler Louis Philipp eine neue Zuchtrute auf. In Deutschland und ganz Europa aber war große Freude als der zehnte Karl vom Thron gestürzt ward, und die unterdrückten deutschen Länder richteten sich zum Kampf für die Freiheit. Da ratschlagten die Fürsten, wie sie 25 dem Grimm des Volkes entgehen sollten und die listigen unter ihnen sagten: Lasst uns einen Teil unserer Gewalt abgeben, dass wir das Übrige behalten. Und sie traten vor das Volk und sprachen: Wir wollen euch die Freiheit schenken um die ihr kämpfen wollt. – Und zitternd vor Furcht warfen 30 sie einige Brocken hin und sprachen von ihrer Gnade. Das Volk traute ihnen leider und legte sich zur Ruhe. – Und so ward Deutschland betrogen wie Frankreich.

Denn was sind diese Verfassungen in Deutschland? Nichts als leeres Stroh, woraus die Fürsten die Körner für sich herausgeklopft haben. Was sind unsere Landtage? Nichts als langsame Fuhrwerke, die man einmal oder zweimal wohl

5 der Raubgier der Fürsten und ihrer Minister in den Weg schieben, woraus man aber nimmermehr eine feste Burg für deutsche Freiheit bauen kann. Was sind unsere Wahlgesetze? Nichts als Verletzungen der Bürger- und Menschenrechte der meisten Deutschen. Denkt an das Wahlgesetz im

10 Großherzogtum, wornach keiner gewählt werden kann, der nicht hoch begütert ist, wie rechtschaffen und gutgesinnt er auch sei, wohl aber der Grolmann, der euch um die zwei Millionen bestehlen wollte. Denkt an die Verfassung des Großherzogtums. – Nach den Artikeln derselben ist der

15 Großherzog unverletzlich, heilig und unverantwortlich. Seine Würde ist erblich in seiner Familie, er hat das Recht Krieg zu führen und ausschließliche Verfügung über das Militär. Er beruft die Landstände, vertagt sie oder löst sie auf. Die Stände dürfen keinen Gesetzesvorschlag machen, sondern

20 sie müssen um das Gesetz bitten, und dem Gutdünken des Fürsten bleibt es unbedingt überlassen, es zu geben oder zu verweigern. Er bleibt im Besitz einer fast unumschränkten Gewalt, nur darf er keine neuen Gesetze machen und keine neuen Steuern ausschreiben ohne Zustimmung der Stände.

25 Aber teils kehrt er sich nicht an diese Zustimmung, teils genügen ihm die alten Gesetze, die das Werk der Fürstengewalt sind, und er bedarf darum keiner neuen Gesetze. Eine solche Verfassung ist ein elend jämmerlich Ding. Was ist von Ständen zu erwarten, die an eine solche Verfassung

30 gebunden sind? Wenn unter den Gewählten auch keine Volksverräter und feige Memmen wären, wenn sie aus lauter entschlossenen Volksfreunden bestünden?! Was ist von Ständen zu erwarten, die kaum die elenden Fetzen einer arm-

eine feste Burg
→ Seite 138

*Grolmann …
bestehlen wollte*
→ Seite 138

*Verfassung des
Großherzogtums*
→ Seite 138

unverantwortlich niemandem
Rechenschaft
schuldig

unbedingt
bedingungslos, ohne Einschränkung

seligen Verfassung zu verteidigen vermögen! – Der einzige Widerstand, den sie zu leisten vermochten, war die Verweigerung der zwei Millionen Gulden, die sich der Großherzog von dem überschuldetem Volke wollte schenken lassen zur Bezahlung seiner Schulden. Hätten aber auch die Landstände des Großherzogtums genügende Rechte, und hätte das Großherzogtum, aber nur das Großherzogtum allein, eine wahrhafte Verfassung, so würde die Herrlichkeit doch bald zu Ende sein. Die Raubgeier in Wien und Berlin würden ihre Henkerskrallen ausstrecken und die kleine Freiheit mit Rumpf und Stumpf ausrotten. Das ganze deutsche Volk muss sich die Freiheit erringen. Und diese Zeit, geliebte Mitbürger, ist nicht ferne. – Der Herr hat das schöne deutsche Land, das viele Jahrhunderte das herrlichste Reich der Erde war, in die Hände der fremden und einheimischen Schinder gegeben, weil das Herz des deutschen Volkes von der Freiheit und Gleichheit seiner Voreltern und von der Furcht des Herrn abgefallen war, weil ihr dem Götzendienste der vielen Herrlein, Kleinherzoge und Däumlings-Könige euch ergeben hattet.

Der Herr, der den Stecken des fremden Treibers Napoleon zerbrochen hat, wird auch die Götzenbilder unserer einheimischen Tyrannen zerbrechen durch die Hände des Volks. Wohl glänzen diese Götzenbilder von Gold und Edelsteinen, von Orden und Ehrenzeichen, aber in ihrem Innern stirbt der Wurm nicht und ihre Füße sind von Lehm. – Gott wird euch Kraft geben ihre Füße zu zerschmeißen, sobald ihr euch bekehret von dem Irrtum eures Wandels und die Wahrheit erkennet: »dass nur Ein Gott ist und keine Götter neben ihm, die sich Hoheiten und Allerhöchste, heilig und unverantwortlich nennen lassen, dass Gott alle Menschen frei und gleich in ihren Rechten schuf und dass keine Obrigkeit von Gott zum Segen verordnet ist, als die, welche

Die Raubgeier in Wien und Berlin
→ Seite 139

Und diese Zeit … ist nicht ferne.
→ Seite 139

Herz des deutschen Volkes … abgefallen war
→ Seite 139

Voreltern
→ Seite 139

Furcht des Herrn Ehrfurcht, Ehrerbietung gegenüber Gott

Der Herr … und keine Götter neben ihm
→ Seite 139

eures Wandels
→ Seite 140

Allerhöchste biblischer Beiname Gottes

auf das Vertrauen des Volkes sich gründet und vom Volke ausdrücklich oder stillschweigend erwählt ist; dass dagegen die Obrigkeit, die Gewalt, aber kein Recht über ein Volk hat, nur also von Gott ist, wie der Teufel auch von Gott ist, und

5 dass der Gehorsam gegen eine solche Teufels-Obrigkeit nur so lange gilt, bis ihre Teufelsgewalt gebrochen werden kann; – dass der Gott, der ein Volk durch Eine Sprache zu Einem Leibe vereinigte, die Gewaltigen die es zerfleischen und vier-teilen, oder gar in dreißig Stücke zerreißen, als Volksmörder

10 und Tyrannen hier zeitlich und dort ewiglich strafen wird, denn die Schrift sagt: was Gott vereinigt hat, soll der Mensch nicht trennen; und dass der Allmächtige, der aus der Einöde ein Paradies schaffen kann, auch ein Land des Jammers und des Elends wieder in ein Paradies umschaffen kann, wie un-

15 ser teuerwertes Deutschland war, bis seine Fürsten es zer-fleischten und schunden.«

Weil das deutsche Reich morsch und faul war, und die Deutschen von Gott und von der Freiheit abgefallen waren, hat Gott das Reich zu Trümmern gehen lassen, um es zu ei-

20 nem Freistaat zu verjüngen. Er hat eine Zeitlang »den Sa-tans-Engeln« Gewalt gegeben, dass sie Deutschland mit Fäus-ten schlügen, er hat den »Gewaltigen und Fürsten, die in der Finsternis herrschen, den bösen Geistern unter dem Him-mel« (Ephes. 6), Gewalt gegeben, dass sie Bürger und Bauern

25 peinigten und ihr Blut aussaugten und ihren Mutwillen trie-ben mit Allen, die Recht und Freiheit mehr lieben als Unrecht und Knechtschaft. – – Aber ihr Maß ist voll!

Sehet an das von Gott gezeichnete Scheusal, den König Ludwig von Baiern, den Gotteslästerer, der redliche Männer

30 vor seinem Bilde niederzuknien zwingt, und die, welche die Wahrheit bezeugen, durch meineidige Richter zum Kerker verurteilen lässt; das Schwein, das sich in allen Lasterpfüt-zen von Italien wälzte, den Wolf, der sich für seinen Baals-

also in der Weise, insofern

der Gott … vereinigte
→ Seite 140

vierteilen beson-ders grausame Hinrichtungsart

in dreißig Stücke
→ Seite 140

hier zeitlich und dort ewiglich strafen
→ Seite 141

was Gott ver-einigt hat … nicht trennen
→ Seite 141

Er hat … Gewalt gegeben
→ Seite 141

ihr Maß ist voll!
→ Seite 141

Ludwig von Baiern
→ Seite 141

das Schwein
→ Seite 141

den Wolf
→ Seite 141

Baals-Hofstaat
→ Seite 142

*für immer jähr-
lich fünf Millionen*
→ Seite 142

verwilligen
bewilligen

*Ha! du wärst
Obrigkeit ...
nicht von Gott,
Tyrann!*
→ Seite 142

*Gott ... wird es
wieder heilen.*
→ Seite 142

der Höcker
→ Seite 142

Zwingburgen
Festungen

Ezechiel
→ Seite 142

*Der Herr führte
mich ... eure
Gebeine sind
verdorrt*
→ Seite 142

Odem Atem

Hofstaat für immer jährlich fünf Millionen durch meineidige Landstände verwilligen lässt, und fragt dann: »Ist das eine Obrigkeit von Gott zum Segen verordnet?«

> Ha! du wärst Obrigkeit von Gott? 5
> Gott spendet Segen aus;
> Du raubst, du schindest, kerkerst ein,
> Du nicht von Gott, Tyrann!

Ich sage euch: sein und seiner Mitfürsten Maß ist voll. Gott, 10 der Deutschland um seiner Sünden willen geschlagen hat durch diese Fürsten, wird es wieder heilen. »Er wird die Hecken und Dörner niederreißen und auf einem Haufen verbrennen.« (Jesaias 27, 4)

So wenig der Höcker noch wächset, womit Gott diesen Kö- 15 nig Ludwig gezeichnet hat, so wenig werden die Schandtaten dieser Fürsten noch wachsen können. Ihr Maß ist voll. Der Herr wird ihre Zwingburgen zerschmeißen und in Deutschland wird dann Leben und Kraft, der Segen der Freiheit wieder erblühen. Zu einem großen Leichenfelde haben die Fürs- 20 ten die deutsche Erde gemacht, wie Ezechiel im 37. Kapitel beschreibt: »Der Herr führte mich auf ein weites Feld, das voller Gebeine lag, und siehe, sie waren sehr verdorrt.« Aber wie lautet des Herrn Wort zu den verdorrten Gebeinen: »Siehe, ich will euch Adern geben und Fleisch lassen über euch wach- 25 sen und euch mit Haut überziehen, und will euch Odem geben, dass ihr wieder lebendig werdet, und sollt erfahren, dass Ich der Herr bin.« Und des Herrn Wort wird auch an Deutschland sich wahrhaftig beweisen, wie der Prophet spricht: »Siehe, es rauschte und regte sich und die Gebeine kamen wieder 30 zusammen, ein jegliches zu seinem Gebein. – Da kam Odem in sie und sie wurden wieder lebendig und richteten sich auf ihre Füße, und ihrer war ein sehr groß Heer.«

Wie der Prophet schreibet, so stand es bisher in Deutschland: eure Gebeine sind verdorrt, denn die Ordnung, in der ihr lebt, ist eitel Schinderei. 6 Millionen bezahlt ihr im Großherzogtum einer Handvoll Leute, deren Willkür euer Leben und Eigentum überlassen ist, und die anderen in dem zerrissenen Deutschland gleich also. Ihr seid nichts, ihr habt nichts! Ihr seid rechtlos. Ihr müsset geben, was eure unersättlichen Presser fordern, und tragen, was sie euch aufbürden. So weit ein Tyrann blicket – und Deutschland hat deren wohl dreißig – verdorret Land und Volk. Aber wie der Prophet schreibet, so wird es bald stehen in Deutschland: der Tag der Auferstehung wird nicht säumen. In dem Leichenfelde wird sich's regen und wird rauschen und der Neubelebten wird ein großes Heer sein.

Hebt die Augen auf und zählt das Häuflein eurer Presser, die nur stark sind durch das Blut, das sie euch aussaugen und durch eure Arme, die ihr ihnen willenlos leihet. Ihrer sind vielleicht 10,000 im Großherzogtum und Eurer sind es 700,000 und also verhält sich die Zahl des Volkes zu seinen Pressern auch im übrigen Deutschland. Wohl drohen sie mit dem Rüstzeug und den Reisigen der Könige, aber ich sage euch: Wer das Schwert erhebt gegen das Volk, der wird durch das Schwert des Volkes umkommen. Deutschland ist jetzt ein Leichenfeld, bald wird es ein Paradies sein. Das deutsche Volk ist Ein Leib ihr seid ein Glied dieses Leibes. Es ist einerlei, wo die Scheinleiche zu zucken anfängt. Wann der Herr euch seine Zeichen gibt durch die Männer, durch welche er die Völker aus der Dienstbarkeit zur Freiheit führt, dann erhebet euch und der ganze Leib wird mit euch aufstehen.

Ihr bücktet euch lange Jahre in den Dornäckern der Knechtschaft, dann schwitzt ihr einen Sommer im Weinberge der Freiheit, und werdet frei sein bis ins tausendste Glied.

säumen auf sich warten lassen

In dem Leichenfelde
→ Seite 143

Hebt die Augen auf
→ Seite 143

also ebenso

aber ich sage ... umkommen.
→ Seite 143

Das deutsche Volk ... ein Glied dieses Leibes.
→ Seite 143

Es ist einerlei, wo die Scheinleiche zu zucken anfängt.
→ Seite 143

Wann Wenn

Dienstbarkeit Knechtschaft, Sklaverei
→ Seite 143

Dornäckern der Knechtschaft
→ Seite 144

bis ins tausendste Glied
→ Seite 144

Ihr wühltet ein langes Leben die Erde auf, dann wühlt ihr euren Tyrannen ein Grab. Ihr bautet die Zwingburgen, dann stürzt ihr sie, und bauet der Freiheit Haus. Dann könnt ihr eure Kinder frei taufen mit dem Wasser des Lebens. Und bis der Herr euch ruft durch seine Boten und Zeichen, wachet und rüstet euch im Geiste und betet ihr selbst und lehrt eure Kinder beten: »Herr, zerbrich den Stecken unserer Treiber und lass dein Reich zu uns kommen, das Reich der Gerechtigkeit. Amen.«

Wasser des Lebens
→ Seite 144

wachet ... und betet
→ Seite 144

Herr, zerbrich ... Reich der Gerechtigkeit
→ Seite 144

Johann Christian Woyzeck (1780–1824).
Porträt von unbekannter Hand

Johann Christian
August Clarus

Gutachten über Johann Christian Woyzeck

Die Zurechnungsfähigkeit des Mörders Johann Christian Woyzeck, nach Grundsätzen der Staatsarzneikunde aktenmäßig erwiesen

5 *von Dr. Johann Christian August Clarus, K. Sächsischem Hof-*
rat, des Königlich Sächsischen Zivilverdienst- und des Kaiserl.
Russischen Wladimirordens IV. Klasse Ritter, ordentl. des. Pro-
fessor der Klinik, des Kreisamts, der Universität und der Stadt
Leipzig Physikus u. Arzt am Jakobsspital etc.

10

Vorwort.

Eine Handlung der strafenden Gerechtigkeit, wie sie der grö-
15 ßere Teil der gegenwärtigen Generation hier noch nicht erlebt hat bereitet sich vor. Der Mörder Woyzeck erwartet in
diesen Tagen, nach dreijähriger Untersuchung, den Lohn seiner Tat durch die Hand des Scharfrichters. Kalt und gedan-
kenlos kann wohl nur der stumpfsinnige Egoist, und mit ro-
20 her Schaulust nur der entartete Halbmensch diesem Tage des
Gerichtes entgegensehen. Den Gebildeten und Fühlenden
ergreift tiefes, banges Mitleid, da er in dem Verbrecher noch
immer den Menschen, den ehemaligen Mitbürger und Mit-
genossen der Wohltaten einer gemeinschaftlichen Religion,
25 einer segensvollen und milden Regierung, und so mancher
lokalen Vorzüge und Annehmlichkeiten des hiesigen Aufent-
halts erblickt, der, durch ein unstetes, wüstes, gedankenloses
und untätiges Leben von einer Stufe der moralischen Verwilderung zur andern herabgesunken, endlich im finstern Auf-
30 ruhr roher Leidenschaften, ein Menschenleben zerstörte, und
der nun, ausgestoßen von der Gesellschaft, das seine auf dem
Blutgerüste durch Menschenhand verlieren soll.

Dr. Johann
Christian
August Clarus
→ Seite 145

K. Königlich

Hofrat
→ Seite 145

ordentl. des.
→ Seite 145

Physikus
→ Seite 145

Scharfrichters
Henkers
→ Seite 146

Aber neben dem Mitleiden und neben dem Gefühl alles dessen, was die Todesstrafe Schreckliches und Widerstrebendes hat, muss sich, wenn es nicht zur kränkelnden Empfindelei, oder gar zur Grimasse werden soll, der Gedanke an die unverletzliche Heiligkeit des Gesetzes erheben, das zwar, so wie die Menschheit selbst, einer fortschreitenden Milderung und Verbesserung fähig ist, das aber, so lange es besteht, zum Schutz der Throne und der Hütten auf strenger Waage wägen muss, wo es schonen und wo es strafen soll, und das von denen, die ihm dienen, und die es als Zeugen, oder als Kunstverständige, um Aufklärung befragt, Wahrheit und nicht Gefühle verlangt.

*Kunstverstän-
dige* Sach-
verständige

Eine solche Aufklärung ist in Woyzecks Kriminalprozess, als es zweifelhaft geworden war, ob er seines Verstandes mächtig, und mithin zurechnungsfähig sei, oder nicht, von mir, als Physikus hiesiger Stadt, erfordert worden, und es ist wohl keinem Zweifel unterworfen, dass die hierdurch veranlasste Untersuchung seines Seelenzustandes und die Begutachtung desselben einen entscheidenden Einfluss auf sein Schicksal gehabt hat.

[...]

Und so hoffe ich denn, dass durch Lesung dieser Schrift das Publikum sich in der Überzeugung bestärken werde, dass alle diejenigen, denen auf die Entscheidung dieses wichtigen Rechtsfalles einiger Einfluss zuteilgeworden ist, ihre Pflicht, soweit nur immer menschliche Kräfte reichen, redlich erfüllt haben, und dass es [...] mit mir das Glück erkennen müsse, in einem Lande zu leben, wo nicht unwissende Geschworne, bei unvollständigen Beweisen, nach einem dunkeln moralischen Gefühl über Leben und Tod richten, sondern wo Tatsachen und Urteile, von denen Menschenleben abhängt, der strengsten und vielseitigsten Prüfung unterworfen, und selbst dem überwiesenen Verbrecher, beim

überwiesenen
überführten

mindesten Anscheine einer Verminderung seiner Schuld, eine neue Frist, und eine neue Untersuchung verstattet, der Publizität solcher Verhandlungen aber kein Hindernis in den Weg gelegt wird.

Publizität
Öffentlich-
machung

5 Mögen daher alle, welche den Unglücklichen zum Tode begleiten, oder Zeugen desselben sein werden, das Mitgefühl, welches der Verbrecher als Mensch verdient, mit der Überzeugung verbinden, dass das Gesetz, zur Ordnung des Ganzen, auch gehandhabt werden müsse, und dass die Ge-
10 rechtigkeit, die das Schwert nicht umsonst trägt, Gottes Dienerin ist. – Mögen Lehrer und Prediger, und alle diejenigen, welche über Anstalten des öffentlichen Unterrichts wachen, ihres hohen Berufs eingedenk, nie vergessen, dass von ihnen eine bessere Gesittung und eine Zeit ausgehen muss,
15 in der es der Weisheit der Regierungen und Gesetzgeber möglich sein wird, die Strafen noch mehr zu mildern, als es bereits geschehen ist. – Möge die heranwachsende Jugend bei dem Anblicke des blutenden Verbrechers, oder bei dem Gedanken an ihn, sich tief die Wahrheit einprägen, dass
20 Arbeitsscheu, Spiel, Trunkenheit, ungesetzmäßige Befriedigung der Geschlechtslust, und schlechte Gesellschaft, ungeahnet und allmählich zu Verbrechen und zum Blutgerüste führen können. – Mögen endlich alle, mit dem festen Entschlusse, von dieser schauerlichen Handlung zurückkehren:
25 besser zu sein, damit es besser werde.

Blutgerüste
Schafott

Leipzig den 16. August 1824.   Clarus.

30 Am 21. [eigentlich: 2.] Juni des Jahres 1821, abends um halb zehn Uhr, brachte der Friseur Johann Christian Woyzeck, einundvierzig Jahr alt, der sechsundvierzigjährigen Witwe des verstorbenen Chirurgus Woost, Johannen,

Christianen, gebornen Otto'in in dem Hausgange ihrer Wohnung auf der Sandgasse, mit einer abgebrochnen Degenklinge, an welche er desselben Nachmittags einen Griff hatte befestigen lassen, sieben Wunden bei, an denen sie nach wenigen Minuten ihren Geist aufgab, und unter denen 5 eine *penetrierende* Brustwunde, welche die erste Zwischenrippenschlagader zerschnitten, beide Säcke des Brustfelles durchdrungen, und den niedersteigenden Teil der Aorta, an einem der *Kunsthülfe* völlig unzugänglichen Orte, durchbohrt hatte, bei der am folgenden Tage unternommenen 10 gerichtlichen *Sektion*, so wie in dem darüber ausgefertigten *Physikatsgutachten* (den 2. Juli 1821), für unbedingt und absolut tödlich erachtet wurde.

Der Mörder wurde gleich nach vollbrachter Tat ergriffen, bekannte selbige sofort unumwunden, *rekognoszierte* vor 15 dem Anfange der gerichtlichen Sektion, sowohl das bei ihm gefundene Mordinstrument, als den Leichnam der Ermordeten, und bestätigte die Aussagen der *abgehörten* Zeugen, so wie seine eigenen, nach allen Umständen bei den summarischen Vernehmungen und im *artikulierten Verhöre*. 20

Nachdem bereits die erste Verteidigungsschrift eingereicht worden war (den 16. August 1821), fand sich der Verteidiger, durch eine in *auswärtigen öffentlichen Blättern* verbreitete Nachricht, dass Woyzeck früher mit periodischem Wahnsinn behaftet gewesen, bewogen, auf eine ge- 25 richtsärztliche Untersuchung seines Gemützustandes *anzutragen* (am 23. August 1821).

In den *dieserhalb* mit dem *Inquisiten* gepflogenen fünf Unterredungen (am 26., 28. und 29. August; und am 3. und 14. September), führte derselbe zwar an, dass er sich schon 30 seit seinem dreißigsten Jahre zuweilen in einem Zustande von Gedankenlosigkeit befunden, und dass ihm, bei einer solchen Gelegenheit einmal jemand gesagt habe: du bist

---

penetrierende
durchdringende

Kunsthülfe
ärztlichen Hilfe

Sektion Öffnung
und Untersuchung der Leiche

Physikatsgutachten Obduktionsbericht

rekognoszierte
erkannte

abgehörten
vernommenen

*artikulierten
Verhöre*
→ Seite 146

*auswärtigen
öffentlichen
Blättern*
andernorts
erscheinenden
Zeitungen

auf … anzutragen … zu
beantragen

dieserhalb
daher, deshalb

Inquisiten
Angeklagten

verrückt und weiß es nicht, zeigte aber in seinen Reden und Antworten, ohne alle Ausnahme, Aufmerksamkeit, Besonnenheit, Überlegung, schnelles Auffassen, richtiges Urteil und ein sehr treues Gedächtnis, dabei aber weder
5 Tücke und Bosheit, noch leidenschaftliche Reizbarkeit oder Vorherrschen irgendeiner Leidenschaft oder Einbildung, desto mehr aber moralische Verwilderung, Abstumpfung gegen natürliche Gefühle, und rohe Gleichgültigkeit, in Rücksicht auf Gegenwart und Zukunft. – Mangel an äußerer und inne-
10 rer Haltung, kalter Missmut, Verdruss über sich selbst, Scheu vor dem Blick in sein Inneres, Mangel an Kraft und Willen sich zu erheben, Bewusstsein der Schuld, ohne die Regung, sie durch Darstellung seiner Bewegungsgründe, oder durch irgendeinen Vorwand zu vermindern und zu beschönigen,
15 aber auch ohne sonderliche Reue, ohne Unruhe und Gewissensangst, und gefühlloses Erwarten des Ausganges seines Schicksals waren die Züge, welche seinen damaligen Gemütszustand bezeichneten. – Unter diesen Umständen fiel das von mir abgefasste gerichtsärztliche Gutachten (den 16. Sept.
20 1821) dahin aus, dass:

1) der von dem Inquisiten (rücksichtlich seiner Gedankenlosigkeit u. s. w.) angeführte Umstand, obgleich zur gesetzmäßigen Vollständigkeit der Untersuchung gehörend, dennoch, weil er vor der Hand noch bloß auf der eigenen Aussage
25 des Inquisiten beruhe, bei der gegenwärtigen Begutachtung nicht zu berücksichtigen, und dieserhalb weitere Bestätigung abzuwarten sei;

2) die über die gegenwärtige körperliche und geistige Verfassung des Inquisiten angestellten Beobachtungen kein
30 Merkmal an die Hand gäben, welches auf das Dasein eines kranken, die freie Selbstbestimmung und die Zurechnungsfähigkeit aufhebenden Seelenzustandes zu schließen berechtige.

Rücksicht
Bezug

vor der Hand
vorderhand,
einstweilen,
vorläufig

Da die in Bezug auf den ersten Punkt abgehörten Zeugen versicherten, dass Woyzeck zwar oft betrunken, außerdem aber nie in einem gedankenlosen Zustande gewesen sei, so wurde dem Inquisiten sowohl im ersten (den 11. Oktober 1821) als auch nachdem er mit einer nochmaligen Verteidigung gehört worden war (den 3. Dezember 1821), im zweiten Urteil (den 29. Februar 1822) die *Strafe* durchs Schwert zuerkannt, und derselbe mit seiner zweimaligen Berufung auf *landesh.* Begnadigung und mit der Bitte, die Todesstrafe in Zuchthausstrafe zu verwandeln (den 29. April und den 3. September), abgewiesen (den 26. August und den 19. Sept.)

Noch vor dem Eintreffen der letzten Entscheidung hatte der Inquisit einem ihn besuchenden Geistlichen eröffnet, dass es ihm mehrere Jahre vor vollbrachtem Morde gewesen sei, als ob er **fremde Stimmen** um sich höre, ohne jemand wahrzunehmen, von dem diese Stimmen hätten herrühren können, *ingleichen* dass er einstmals eine **Geistererscheinung** gehabt habe.

Dieser neue Umstand veranlasste den ersten Verteidiger des Inquisiten *unterm* 27. September auf eine nochmalige Untersuchung seines Gemütszustandes durch den, als Verfasser des Werkes über die Seelenstörungen (Leipzig 1818), berühmten Herrn Dr. und Professor Heinroth allhier anzutragen (den 27. September).

Ob nun gleich von der Kriminalbehörde unterm 10. Oktober, ohne in die Berufung des Verteidigers auf die Untersuchung durch einen andern Arzt einzugehen, dem Verfasser der gegenwärtigen Schrift der Auftrag erteilt wurde, den Inquisiten Woyzeck, wegen der demselben angeblich zugestoßnen Erscheinungen und Begegnisse, in Ansehung seines Gemütszustandes, nochmals zu untersuchen; so hielt derselbe sich dennoch in seinem Gewissen verbunden, der Behörde, unter dankbarer Anerkennung des ihm durch diesen

Marginal notes:

Strafe hier: Hinrichtung

landesh. landesherrliche (Begnadigung durch den Fürsten)

ingleichen ebenso, desgleichen

unterm am (unter dem Datum des)

Ob nun gleich Obgleich nun

Auftrag erwiesenen ehrenvollen Zutrauens, zu erkennen zu geben, dass ihm, rücksichtlich der hohen Verantwortlichkeit, welche auf diesem Geschäfte lasten, die Mitwirkung eines zweiten Arztes, und namentlich des Herrn Dr. und Prof.

5 Heinroth wenn selbige den bestehenden Formen und Einrichtungen für angemessen erachtet werden sollte, nicht anders als erwünscht sein könne, und dass er sich hierbei bloß, im Fall einer Meinungsverschiedenheit, eine Berufung auf die Entscheidung der medizinischen Fakultät vorbehalte

10 (den 15. Oktober).

Auf den hierüber an die hohe Landesregierung erstatteten Bericht, erfolgte unterm 28. Oktober die Entscheidung, dass sie sich durch die angeführten Umstände zu einer anderweitigen Exploration des Inquisiten und zu Einholung eines

15 Gutachtens der medizinischen Fakultät nicht bewogen finde, und dass den gesprochnen Urteilen und dem Reskripte vom 26. August dieses Jahrs nachgegangen werden solle.

Nachdem hierauf der 13te November zur Hinrichtung des Inquisiten angesetzt und derselbe zweien Geistlichen, um

20 ihn zum Tode vorzubereiten, übergeben, auch die gewöhnliche Fürbitte für ihn in den Kirchen auf den nächsten Sonntag angeordnet worden war, trat am 5. November ein Privatmann mit der schriftlichen Anzeige auf, dass ihm von nahmhaft gemachten Augenzeugen versichert worden sei, der

25 Delinquent habe wirklich von Zeit zu Zeit Handlungen vorgenommen, welche Verstandesverwirrung zu verraten geschienen.

Auf den hierüber eiligst erstatteten Bericht, nach dessen Abgange jedoch einstweilen mit den Anstalten zur Hinrich-

30 tung fortgefahren wurde, ging am 10. November morgens um 4 Uhr der Befehl ein, mit Vollstreckung des Urteils annoch anzustehen, weitere Erkundigungen in der Sache einzuziehen, sodann die Akten dem Verfasser dieser Schrift

Formen und Einrichtungen Vorschriften und Verfahrensweisen

Fakultät hier: Gemeinschaft der Universitätsprofessoren

Exploration Ausforschung, Untersuchung

Reskripte amtlichen Bescheid, Verfügung, Erlass

Delinquent Übeltäter, Verbrecher

annoch noch (amtlicher Kanzleistil, im gewöhnlichen Sprachgebrauch seinerzeit bereits veraltet)

anzustehen zu warten

anderweit zur Begutachtung vorzulegen, den Inquisiten nochmals mit einer Defension zu hören und das künftig eingehende Urteil mittelst Berichts einzusenden.

Das diesem Befehl zufolge von mir erstattete Gutachten, welches außer einer gedrängten Darstellung der auf die Beurteilung des Falles Bezug habenden Lebens-, Gesundheits- und Geistesumstände des Inquisiten; 1) eine medizinisch-psychologische Entwickelung der teils aus den Akten geschöpften, teils von mir selbst beobachteten Tatsachen; 2) die Folgerungen, die aus gedachten Tatsachen für die Zurechnungsfähigkeit des Inquisiten gezogen werden können, und endlich 3) die hierauf gegründete ärztliche Entscheidung enthält, lautet folgendermaßen.

Nachdem zufolge allerhöchsten Reskripts vom 9. November vorigen Jahres von Einem Hochlöblichen Königlich Sächsischen Kriminalgerichte allhier mir Endesunterschriebenen am 8. Januar dieses Jahres die Woyzeck'schen Akten anderweit zur Begutachtung vorgelegt worden sind, habe ich nicht nur der Durchsicht derselben mich sofort mit aller, der Wichtigkeit des Gegenstandes schuldigen Sorgfalt und Aufmerksamkeit unterzogen, sondern auch, in Rücksicht auf mehrere, neuerdings aktenkundig gewordene Umstände, die mir, aus ärztlich-psychologischem Gesichtspunkte betrachtet, noch eine genauere Erörterung zu erfordern schienen, den Inquisiten Woyzeck, nach mündlich eingeholter Genehmigung des Gerichtes, nochmals zu fünf verschiedenen Malen, nämlich am 12., 26., 29. und 31. Januar und am 21. Februar 1823, und zwar das letzte Mal vorzüglich in der Absicht, um die wichtigsten Resultate der frühern Unterredungen einer nochmaligen Prüfung zu unterwerfen, jedes Mal anderthalb bis 2 Stunden lang, aufs Genaueste exploriert, und dabei Nachstehendes ersehen und beobachtet.

I. Bei Durchsicht der Akten.

Der Inquisit Woyzeck stammt von durchaus rechtschaffenen Eltern, die ihren gesunden Verstand bis an ihr Ende behalten, und nie eine Spur von Tiefsinn oder Verstandeszerrüttung gezeigt haben. [...] Nachdem er in seinem achten Jahre seiner Mutter, und im dreizehnten Jahre seines Vaters, der sich zwar um seine Erziehung wenig bekümmert, ihn aber nicht hart behandelt, und für seinen Unterricht in der Freischule auf eine, seinem Stande und seinem Vermögen angemessene Weise gesorgt hatte, durch den Tod beraubt worden, hat er die Perückenmacherprofession erlernt, und hierbei zwar seinen ersten Lehrherrn aus eigenem Antriebe verlassen, sich aber nach dem Zeugnisse von Personen, welche ihn damals gekannt haben, bis zu seinem achtzehnten Jahre, wo er sich auf die Wanderschaft begeben, jederzeit sehr gut, ruhig und verständig betragen, und niemals eine Spur von Verstandesverwirrung oder Tiefsinn an sich blicken lassen. Nach sechsjährigen Reisen, auf denen er in Wurzen, Berlin, Breslau, Teplitz und Wittenberg bald als Friseur, bald als Bedienter, konditioniert hat, von welchem Zeitraume aber über seine Aufführung und Gemütsverfassung keine Nachrichten bei den Akten befindlich sind, ist er nach Leipzig zurückgekehrt und hat hier, in Ermanglung anderer Beschäftigung, eine Zeitlang Kupferstiche illuminiert, hierauf im Magazine gearbeitet, und zuletzt wieder eine Bedientenstelle bei dem Kammerrat H o n i g in Barneck angenommen. Während dieser Zeit hat er sich, nach dem Zeugnisse des damaligen Kutschers H e u ß, der mit ihm täglich zusammen gewesen ist, sehr gut, gesetzt und fleißig betragen, keine Veranlassung zu Klagen gegeben, und keine Spur von Tiefsinn oder Verstandesverrückung an sich bemerken lassen. Ebenso bezeugt die Traugottin, damals Schindelin, mit der

Freischule
Armenschule;
Schule, die kein
Schulgeld nimmt

die Perückenma-cherprofession
den Beruf des
Perückenma-chers (zu denken
ist dabei an die
weiße Perücke
mit Zopf, die um
diese Zeit aller-dings aus dem
Alltagsgebrauch
verschwand)

Tiefsinn
Gedankenver-sunkenheit,
Schwermütigkeit

konditioniert
einen Dienst
gesucht

Aufführung
→ Seite 146

illuminiert
→ Seite 146

im Magazine
im Vorratshaus

Kammerrat
→ Seite 146

er bei dem Wattenmacher Richter zusammengewohnt und
Umgang gehabt hat, dass er heitern Gemüts, nicht zänkisch
und streitsüchtig, sondern vielmehr recht ruhig, bescheiden
und verständig gewesen sei. Da aber diese Person späterhin,
als sie bei dem M. Buschendorf in Diensten gewesen, sei- 5
ne Bewerbungen, um derentwillen er fast täglich von Barneck hereingekommen ist, und ihr teils in der Allee, teils im
Hause aufgelauert hat, nicht mehr annehmen wollen, hat
er ihr nicht nur (nach der von ihr beschwornen Aussage)
einstmals in der Feuerkugel mit den Worten: Höre, Kanaille, 10
du willst mir untreu werden, mehrere Schläge an den Kopf
gegeben, weshalb sie ihn auf dem Rathause denunziert hat,
sondern auch bald darauf abends zwischen zehn und eilf Uhr
an die Tür ihrer Wohnung in Englers Hause geklopft, und
als sie geöffnet, ihr, da sie bloß mit einem Mantel bekleidet 15
gewesen, an die Brust gegriffen, sie auf den Hof zu ziehen
gesucht, und ihr dabei (nach ihrer Aussage) mit einem großen Mauersteine, nach seinem Eingeständnisse aber mit der
Faust, in der er einen Schlüssel gehabt und in der Absicht
ihr eins zu versetzen, oder ihr ein Andenken zu hinterlassen 20
und mit den Worten: Luder, du musst sterben, zwei Schläge
auf den Kopf gegeben und ihr eine Wunde von der Größe
eines Kupferdreiers beigebracht, hierauf aber sich entfernt
und am folgenden Tage in Gesellschaft seines Stiefbruders
Richter, jedoch ohne diesem zu sagen, dass es der Schindelin 25
wegen geschehe, auch ohne dass dieser die geringste Spur
von Verstandesverrückung an ihm wahrgenommen hat,
Leipzig verlassen. Nach einer mit Richtern über Berlin bis
Posen gemachten zehnwöchentlichen Reise, ist er im Jahr
1806 nach der Schlacht bei Jena zu Grabow im Mecklenbur- 30
gischen in holländische, sodann, nachdem er am 7. April
1807 vor Stralsund von den Schweden gefangen und nach
Stockholm transportiert worden, in schwedische, hierauf als

Umgang ein
Liebesverhältnis,
eine körperliche
Beziehung

Bewerbungen
Bemühungen
(um sie), Anträge

Kanaille
→ Seite 146

denunziert
angezeigt

eilf elf

Eingeständnisse
Aussage, Angabe

Luder
→ Seite 147

Kupferdreiers
→ Seite 147

nach dem Feldzuge in Finnland und der Entthronung Gustavs IV. sein Regiment nach Stralsund versetzt und allda von den Franzosen entwaffnet worden, in mecklenburgische, nach dem Feldzuge in Russland durch Desertion wieder in schwedische und zuletzt nach der Abtretung von Schwedisch-Pommern, in preußische Kriegsdienste getreten, aus denen er im Jahr 1818 seinen Abschied erhalten hat. Über seine Aufführung und seinen Gemütszustand während dieses Zeitraums von 12 Jahren sind keine Zeugnisse bei den Akten vorhanden, er selbst aber versicherte bei den Unterredungen, welche ich im Monat August 1821 mit ihm gehabt und in denen ich ihn aufs Genaueste nach allen seinen Lebensumständen gefragt habe, dass er es überall sehr gut gehabt, sich zur Zufriedenheit seiner Obern aufgeführt, sich nicht in Duelle und Schlägereien eingelassen, noch weniger aber heimlichen Groll genährt, Vergnügungen und Zerstreuungen nicht sonderlich geliebt, sich am liebsten in seinen Nebenstunden mit Versuchen in allerlei mechanischen Arbeiten, z. B. mit Erlernung der Papp- und Schneiderarbeit beschäftiget, und den Umgang mit dem weiblichen Geschlecht zwar nicht gesucht, aber auch die Gelegenheit dazu nicht verschmäht, sich aber immer mehr zu einer Person gehalten habe, wobei es ihm ziemlich gleichgültig gewesen sei, ob diese mit mehreren zu tun gehabt, oder nicht. Ausführlicher, und diesen frühern Aussagen zum Teil widersprechend, gibt er bei seinen neuen Vernehmungen an, dass er im Jahre 1810 Umgang mit einer ledigen Weibsperson, der Wienbergin, gehabt, mit dieser ein Kind gezeugt, während der Zeit, als er bei den Mecklenburgischen Truppen gestanden, auf die Nachricht, dass sich diese Person unterdessen mit andern abgebe, zuerst eine Veränderung in seinem Gemützustande bemerkt, dieserhalb sich wieder zu den Schweden begeben, und den frühern Umgang mit ihr fortgesetzt habe. Diese Veränderung habe sich dadurch geäußert, dass er ganz still geworden und von seinen Kameraden deshalb oft vexiert worden sei, ohne sich ändern zu können, so dass er, ob er gleich seine Gedanken möglichst auf das zu richten gesucht, was er gerade vorgehabt, es nichtsdestoweniger verkehrt gemacht habe, weil ihm zuweilen auf halbe Stunden lang, oft auch nur kürzere Zeit, die Gedanken vergangen seien. Mit dieser Gedankenlosigkeit habe sich späterhin, in Stettin, ein Groll gegen einzelne Personen verbunden, so dass er, gegen alle Menschen überhaupt erbittert, sich von ihnen zurückgezogen habe und deswegen oft ins Freie gelaufen sei. Überdies habe er beunruhigende Träume von Freimaurern gehabt und sie mit seinen Begegnissen in Beziehung gebracht. Als er eines Nachmittags mit seinen Kameraden in einer Stube gewesen, habe er Fußtritte vor derselben gehört, ohne diesfalls etwas entdecken zu können, und es für einen Geist gehalten, weil ihm einige Tage vorher von einem solchen geträumt habe. Seine Unruhe habe fortgedauert, als er von Stettin nach Schweidnitz und Graudenz in Garnison gekommen sei, und er habe, als ihm ein Traum die Erkennungszeichen der Freimaurer offenbart, geglaubt, dass ihm diese Wissenschaft gefährlich werden könne, und dass er von den Freimaurern verfolgt werde. Auch habe er am letztern Orte einmal des Abends am Schlossberge eine Erscheinung gehabt und Glockengeläute gehört, ein andermal aber habe ihm des Nachts auf dem Kirchhofe jemand, den er nicht gewahren können, mit barscher Stimme einen guten Morgen geboten.

Nach seiner Zurückkunft hieher im Dezember 1818 hat er bis zur Ausführung der Mordtat, nach und nach folgende Wohnungen und Beschäftigungen gehabt und dabei, seinem Anführen nach, folgende Begegnisse erlebt:

1) bei Steinbrücken, wohin ihn die Woostin gebracht, ihn dort für ihren Liebsten ausgegeben und den Mietzins für

ihn bezahlt, und wo er, weil er kein Verdienst und Beschäftigung gehabt, von Unterstützungen gelebt hat. Er selbst sagt im Allgemeinen, dass sein Zustand und seine Idee von Verfolgung durch Freimaurer hier fortgedauert und dass ihm
5 das Herz manchmal sehr stark geschlagen habe. Aus dem Zeugnisse der Steinbrückin ist zu ersehen, dass er sich damals gut betragen und zuweilen in Büchern gelesen, jedoch (mit Unwahrheit) behauptet habe, dass er Papparbeit verfertige und seinem Stiefvater Richter helfe.

10 Nach einem Aufenthalt von 6 Wochen ist er
2) zu dem Juden Samson Schwabe in Dessau gekommen, den er in einer Krankheit gewartet hat und bei dem er wiederum 6–7 Wochen geblieben ist. Dieser versichert, dass er, wenn er nicht betrunken gewesen, sich gut und sehr ver-
15 nünftig betragen und nie Ursache gegeben habe, an seinen gesunden Verstandeskräften zu zweifeln, dass er aber den Trunk in hohem Grade geliebt habe, und dass die gegen ihn, als er ihm in einer solchen Periode hoher Trunkenheit alles verkehrt gemacht habe, gebrauchte Äußerung: Kerl, du bist
20 verrückt und weißt es nicht; sich bloß auf seinen trunkenen Zustand, keineswegs auf eigentliche Verstandeszerrüttung beziehe.

3) Vom Februar 1819 bis zu Johannis 1820 bei der Stiefmutter der Woostin, der Witwe Knoblochin in dem Hause
25 des Gelbgießers Warnecke, in welchem dessen Pachter Jordan eine Schenkwirtschaft treibt; wo er bald auf den Wollboden des Herrn Knobloch gearbeitet, bald auf Empfehlung der Knoblochin bei dem Buchbinder Wehner in Volkmarsdorf Papparbeit gemacht, bald für den Buchhändler
30 Klein illuminiert, auch während dieser Zeit dem Buchhalter Herrn Lang und dem Hrn. M. Gebhard, ingleichen während der Messe den Fremden Benedix bedient hat. Nach dem Zeugnisse dieser Person und namentlich Warnecke's,

gewartet gepflegt

zu Johannis am 24. Juni → Seite 147

Gelbgießers → Seite 147

Pachter Pächter → Seite 147

Schenkwirtschaft Ausschank, Kneipe

treibt betreibt

bald ... bald zu einer Zeit ... zu anderer Zeit

Wollboden wohl Lagerraum einer Kammgarnspinnerei

illuminiert → Seite 147

der Messe → Seite 148

namentlich vor allem, besonders

Jordans, Wehners, Hrn. Langs und Hrn. M. Gebhards hat er sich auch in dieser Zeit sehr verständig, still und bescheiden betragen, die ihm erteilten Aufträge zu ihrer Zufriedenheit besorgt, auch keine Merkmale von Tiefsinn oder Verstandesverrückung, und überhaupt nichts Auffallendes in seinem Benehmen blicken lassen. Mehrere derselben, nämlich Warnecke und Wehner, haben bemerkt, dass er den Branntwein geliebt und manchmal zu viel getrunken habe, auch hat die Knoblochin darüber gegen Jordan geklagt.

Letztere sagt übrigens, dass Woyzeck mit ihrer Tochter Umgang gehabt, aber wegen ihres häufigen Umganges mit Soldaten Eifersucht gefasst, die Woostin mehrere Male gemisshandelt und so viel Lärm und Unruhe gemacht habe, dass sie ihm auf Warneckes Verlangen das Logis aufsagen müssen. Den Vorfall, der hierzu Veranlassung gegeben hat, erzählt Warnecke folgendermaßen: Er, Warnecke, habe einstmals zu Woyzecken in der Jordan'schen Schenkwirtschaft gesagt: Hier, Woyzeck, Mordhahn, willst du ein Glas Schnaps trinken? Woyzeck aber ihm hierauf eine pöbelhafte Antwort gegeben, und als er selbst sich hierauf bestürzt gegen Jordan gewendet, mit den Worten: der Kerl pfeift dunkelblau, sich entfernt. Als nun hierauf Warnecke der Knoblochin habe sagen lassen, sie müsse ausziehen, wenn sie Woyzeck nicht fortschaffe, habe ihm dieser, ehe noch solches geschehen, mehrere Briefe und in einem derselben die (gereimten) Worte geschrieben: Der Sachse bietet Frieden dem türkischen Sultan an, er ist doch nicht zufrieden, wenn er nicht prügeln kann. – Als nun Warnecke, bei Lesung dieses Briefes, gesagt: Nun kriegt der Kerl Prügel, wenn er wiederkommt, habe Woyzeck, der den Brief selbst gebracht und, in der Küche stehend, diese Worte gehört habe, erwidert: da lauert er eben drauf, worauf Warnecke ihm einige Hiebe gegeben, und jener nach deren Empfang gesagt habe: das ist

das Logis aufsagen die Unterkunft kündigen

Mordhahn Wüterich

der Kerl pfeift dunkelblau (vgl. Seite 27)

rechtschaffen gedacht, nun sind wir quitt, Wurst wider Wurst! Über diesen Auftritt, bei dem nach Warneckes Vermutung Woyzeck etwas betrunken gewesen sein soll, was jedoch Jordan unwahrscheinlich findet, äußert sich Woyzeck, er habe geglaubt, Warnecke wolle ihn für den Narren halten. Da nun dessen ungeachtet Woyzeck von der Knoblochin ausziehen müssen, hat er sich abermals

4) bei der Steinbrücken 14 Tage lang aufgehalten, und dabei verwogen und, weil er keine Arbeit gehabt, tiefsinnig und betrübt ausgesehen, die Mütze tief ins Gericht gerückt, als ob er sich schäme, und als er, auf Erinnern den Mietzins nicht bezahlen können, sogleich seine Effekten zusammengepackt und sich

5) zu dem Zeitungsträger Haase begeben, wo er von Johannis bis einige Wochen vor Michaelis 1820 in einer Dachkammer am Tage bei einer Lampe gearbeitet und des Nachts geschlafen, sich mit Papparbeiten beschäftiget und nebenbei den Hrn. Lang und Herrn M. Gebhard zu bedienen gehabt hat, welches jedoch, wenigstens was den Letztern betrifft, schwerlich richtig sein kann, da dieser angibt, dass er ihn schon zu Pfingsten dieses Jahres verabschiedet habe. In dieser Kammer, behauptet er, bei Tage und in der Nacht, vielfältig gestört worden zu sein. Er habe es hören sprechen, obgleich niemand in der Nähe geschlafen. Manchmal habe es auf dem Deckbette getappt, und wenn er darnach gegriffen, weil er es für Ratten oder Mäuse gehalten, habe er nichts gefunden. Einmal als er abends nach 10 Uhr nach seiner Kammer habe gehen wollen, habe er es in seiner Nähe stark knistern und deutlich eine Stimme sprechen hören: o, komm doch! Er sei darüber sehr heftig erschrocken und deswegen herunter zum Wirt, dieser aber mit einer Laterne in die Kammer gegangen, ohne etwas zu bemerken. Weil er sich sehr gefürchtet daselbst zu schlafen, habe er auf seinen

wider gegen

Auftritt Vorfall, Zwischenfall

für den zum

verwogen Nebenform von: verwegen

auf Erinnern nachdem er daran erinnert worden war

Effekten Habseligkeiten

Michaelis 29. September
→ Seite 148

nach seiner in seine

zum Wirt zu seinem Gastgeber

Betten drei Nächte in des Wirtes Stube zugebracht, und als er nachher wieder bis zu seinem Wegzuge in derselben Kammer geschlafen, es zwar nicht wieder laut, aber wohl leise immer allerhand sprechen hören. Zu derselben Zeit sei es ihm gewesen, als ob sein Herz mit einer Nadel berührt würde und er habe die dabei empfundenen Beunruhigungen dem Teufel zugeschrieben, und von ihm geglaubt, dass er ihm, als er gebetet, die Worte zugerufen habe: Da hast du den lieben Gott. [...] Haase und seine Frau modifizieren diese Erzählung dahin, dass sie, außer den bereits erwähnten Vorfällen, in seinen Reden und Handlungen nichts Ungereimtes bemerkt haben, und auch davon, dass er sich auf den Dielen herumgewälzt und gerufen habe: ich bin verloren, nichts wissen wollen, jedoch angeben, dass er in den heißen Monaten Juni und Juli 1820 mehrmals des Nachts von seiner Kammer herunter in ihre Stube gekommen sei, unter dem Vorgeben, es leide ihn nicht oben, es spuke in seiner Kammer, es zupfe am Deckbette und rufe ihn, weshalb er mehrere Nächte hintereinander in ihrer Stube zugebracht, nachher aber unausgesetzt, bis zu seinem Wegziehen, wieder in der Kammer geschlafen habe, aber in diesem Zeitraume von ohngefähr drei Wochen auch am Tage, unter dem Vorgeben, dass es ihm keine Ruhe lasse, nicht zu Hause geblieben sei. An einem der oben gedachten Abende hat er, nach der Haasin Aussage, mit stieren Augen vor sich hingesehen, aber keine besondere Gemütsunruhe verraten. [...] Nach seinem Wegziehen von Haasen ist er, seiner eigenen Aussage nach, vierzehn Tage herberglos gewesen und hat nachher

6) bei dem Buchbinder We h n e r in Volkmarsdorf vor der Michaelismesse 1820 drei bis vier Wochen, und späterhin noch zu zwei verschiedenen Malen, in der Neujahr- und Ostermesse 1821, jedes Mal ungefähr ebenso lange gearbeitet,

auch mit Wehnern und den Seinigen im Ganzen ohngefähr vier Wochen in einer Stube geschlafen. Auch hier hat es ihm, wie er behauptet, keine Ruhe gelassen; Wehner aber bemerkt, dass er manchmal in Gedanken gesessen und dann

5 zusammengefahren sei, weshalb jener ihn ermahnt Gott vor Augen zu haben, dieser aber versprochen habe, in der nächsten Nacht recht fleißig beten zu wollen. Übrigens will Wehner nichts Auffallendes an ihm bemerkt haben, sondern gibt ihm das Zeugnis, dass er fleißig und gelassen, und sein

10 Schlaf gut gewesen sei, dass er sich Mühe gegeben, etwas zu lernen, aber zuweilen (wie schon oben sub 2 bemerkt worden) ein Glas Schnaps zu viel getrunken und dann weniger gearbeitet habe. Sein Ganzes sei gewesen, dass er sich nicht habe in ein ordentliches Brot finden können.

15 Aus Mangel an hinreichender Beschäftigung scheint Woyzeck zu Anfang des Winters 1820 den Entschluss gefasst zu haben, Stadtsoldat zu werden, daher ihn der Feldwebel von gedachter Garnison

7) bei dem Unteroffizier Pfeiffer untergebracht hat, wo

20 er bis Weihnachten dieses Jahres geblieben, aber, weil sein Abschied nicht richtig gewesen, bei der Garnison nicht angenommen worden ist. Hier hat er mit dem Tambour Vitzthum einige Wochen lang in einem Bette geschlafen und sich mit Illuminieren für Herrn Klein beschäftigt, aber auch

25 Vitzthumen mehrere Kleinigkeiten, und darunter einen Degen mit Scheide, entwendet, solche aber, sobald sie dieser wiederverlangt, zurückerstattet. Beide versichern, dass sein Betragen gut und verständig und nicht zänkisch gewesen sei; auch hat sein Schlafgeselle Vitzthum nie eine Unruhe,

30 oder sonst etwas Auffallendes an ihm wahrgenommen, obgleich Woyzeck behauptet, dass er auch hier Stimmen gehört, und sonderbare Träume gehabt habe, ohne sich etwas merken zu lassen.

Übrigens
Ansonsten

sub (lat.) unter
(unter Punkt 2)

Ganzes eigentliches Problem

dass er ... können
dass er keine für ihn passende Anstellung fand

Stadtsoldat
→ Seite 148

Abschied offizielles Ausscheiden beim Militär

Tambour
Trommler
beim Militär

Nachdem Woyzeck Vitzthumen obgedachte Sachen entwendet, ist er, seiner Angabe nach, abermals einige Nächte herbergslos und einige Tage im Arrest gewesen, sodann aber

im Arrest
in Haft

8) Zu der Naumannin gezogen, wo er in der Neujahrmesse 1821 drei Wochen lang gewohnt und vorgegeben hat, Friseur, Schneider, Papparbeiter und Illuminierer zu sein, ohne Kamm, Schere, Fingerhut, Papier und Pinsel zu haben, auch zu Hause nichts gearbeitet, sich aber übrigens verständig betragen und alle Morgen aus einem, der Tochter der Naumannin gehörigen Buche gebetet hat. Er selbst sagt bloß, dass es ihn auch hier verfolgt habe.

Um diese Zeit ist er auch noch in Warneckes Hause aus- und eingegangen, hat der dort wohnenden Woostin hinter der Türe aufgelauert, und dabei öfters, meinend, es sei diese, eine andere Weibsperson, unter andern eines Abends die Frau des Lohnbedienten Marschall an der Haustüre angehalten, als er aber seinen Irrtum bemerkt, gesagt: Ach verzeihen Sie, ich habe Sie verkannt, und sie nachher ruhig gehen lassen. An demselben Abend hat er der Woostin auf der Treppe aufgelauert, und auf ihre Weigerung, mit ihm spazieren zu gehen, sie mit der Hand, in der er die Scherben eines zerbrochnen Topfes gehabt, blutrünstig geschlagen, ist aber deshalb von den dazugekommenen Personen festgenommen und hierauf mit 8-tägigem Arrest bestraft worden, bei welcher Gelegenheit an ihm keine Spur einer besondern Unruhe, Zerstreuung oder Gedankenlosigkeit wahrgenommen worden ist. Nach seiner Entlassung hat er sich bis vor Ostern 1821

Lohnbedienten
→ Seite 148

blutrünstig
blutig

9) bei dem Bierschenken Haase aufgehalten. Woyzeck sagt, sein Zustand habe hier fortgedauert, die Haasin aber: sein Betragen sei durchaus untadelhaft und still vor sich hin gewesen, er habe mit den übrigen Bettburschen in Frieden gelebt [...].

Bettburschen
wohl: Schlaf-
gesellen, Zim-
mergenossen

Endlich hat er bis ungefähr zum 20. Mai 1821

10) bei der um diese Zeit verstorbenen W i t t i g i n im
schwarzen Brette eine Bettstelle gehabt. Er selbst versichert,
dass er auch hier Stimmen vernommen habe. Dahin gehört
seine Erzählung, dass es ihm, als er einen zerbrochenen Degen gekauft, zugerufen habe:

Stich die Frau Woostin tot!

wobei er gedacht: Das tust du nicht, die Stimme aber erwidert habe:

Du tust es doch.

Um dieselbe Zeit hat er die Woostin in der Allee von Bo-
sens Garten, auf ihre Weigerung, mit ihm zu gehen, mit der
Faust ins Gesicht geschlagen, wovon ihr dasselbe aufge-
schwollen und mit Blut unterlaufen ist, und kurz nachher,
als er sie mit seinem Nebenbuhler auf dem Tanzboden getroffen, sie die Treppe hinuntergeworfen, und auf der Straße
einen Stein aufgehoben, um damit nach ihr zu werfen, diesen aber wieder fallen lassen. Die B e n a d t i n, Enkelin der
Wittigin, welche mit ihm zugleich bei der Wittigin gewohnt
hat, bezeugt, er habe sich für einen dienstlosen Markthelfer
ausgegeben, nur sehr wenig, und in der letzten Zeit, wo er
tiefsinnig gewesen, gar nicht gesprochen, sei aber in seinem
Betragen höflich, bescheiden und ganz verständig, auch nur
ein einziges Mal betrunken gewesen, wo er sehr viel gesprochen und erzählt habe, er habe selbigen Tages seine Geliebte
geprügelt.

Von derselben Zeit sagt W a r n e c k e, dass er damals Mess-
fremde in seinem Hause bedient, sich ganz still und vernünftig betragen, auch ihm und andern keine Vermutung, dass er
geisteskrank sei, gegeben habe, außerdem aber gutes Mutes
gewesen sei.

Von dem Tode der Wittigin an, hat er sich bis zur Ausführung seiner Tat, acht bis vierzehn Tage lang im Freien her-

umgetrieben und von Unterstützungen guter Menschen gelebt, die er aber schriftlich gebeten zu haben vorgibt, weil er seine Bitten mündlich vorzutragen unvermögend gewesen und dabei zuweilen in Verlegenheit gekommen sei. Übrigens erhellet aus den Akten, dass die Woostin, ungeachtet ihres offnen Umgangs mit einem andern, dennoch auch den Umgang mit Woyzeck keineswegs gänzlich abgebrochen, ihm sogar noch in der Ostermesse d. J. den vertrautesten Umgang gestattet; ein andermal, als er ihr in Begleitung der Böttnerin begegnet, ihn etwas zurückweisend behandelt, dennoch ihm auf den Tag, wo die Mordtat vorgefallen, auf der Funkenburg eine Zusammenkunft versprochen, ihm aber nicht Wort gehalten, sondern mit dem Soldaten Böttcher einen Spaziergang gemacht hat: dass Woyzecks Gedanken indessen immer mit der Woostin und ihrer Untreue beschäftigt gewesen, dass er, nachdem er sie am Morgen desselben Tags unter einem erdichteten Vorwande zu sprechen gesucht, den übrigen Teil des Tages unbeschäftigt herumgelaufen, auch auf der Funkenburg gewesen, aber, weil er geglaubt, sie komme doch nicht, nur ein paarmal hin und her gegangen [...], dass er ferner gegen Abend, in der Absicht, die Woostin damit zu erstechen, die Degenklinge in ein Heft stoßen lassen, und als er hierauf der Woostin zufällig begegnet und von ihr erfahren, dass sie nicht auf der Funkenburg gewesen, sie nach Hause begleitet, auf diesem Wege an seinen Vorsatz nicht wieder gedacht, in der Hausflur des Hauses aber, wo die Woostin gewohnt, und als ihm diese etwas gesagt, wodurch er in Zorn geraten, die Tat vollzogen, nach vollbrachter Tat sich im Geschwindschritt entfernt, bei seiner Verhaftung den Dolch wegzuwerfen gesucht, und gleich nachher, als ihm auf seine Frage, ob die Woostin tot sei, niemand geantwortet, gesagt hat: Gott gebe nur, dass sie tot ist, sie hat es um mich verdient!

erhellet
geht ... hervor

die Degenklinge
in ein Heft stoßen
an der Degenklinge einen Griff anbringen
→ Seite 148

sie hat es um mich verdient!
es geschieht ihr ganz recht, so wie sie sich mir gegenüber verhalten hat!

II. Bei der Untersuchung des Inquisiten.

Um vor allen Dingen Woyzecks Zutrauen zu gewinnen und ihn geneigt zu machen, um seines eignen Vorteils willen die reine Wahrheit zu sagen, stellte ich demselben zuvörderst vor, dass er die Unterredungen mit mir nicht als ein strenges Verhör und mich nicht als seinen Richter zu betrachten habe, sondern dass er sich völlig frei und ungezwungen über alles erklären könne, was er auf seinem Herzen habe.

Zwar könne und dürfe ich keine Hoffnungen zu Milderung seines Schicksals in ihm erregen, schon aus dem Grunde, weil es ihm nachher desto schmerzlicher fallen würde, wenn sie dennoch nicht erfüllt werden sollten. Indessen könne und wolle ich ihm ebenso wenig verbergen, dass das Geschäft zu dem ich beauftragt sei, allerdings Einfluss auf sein Schicksal haben werde. Nur müsse ich ihm bemerklich machen, dass er in dieser für ihn so wichtigen Sache am sichersten gehen werde, wenn er sich in seinen Aussagen und Erzählungen aufs Allerstrengste an die reine Wahrheit halte.

[...]

Es ist hierbei zu bemerken, dass der Inquisit schon bei seinen frühern Unterredungen mit mir angegeben hat, wie er schon seit seinem 30sten Jahre manchmal sehr ärgerlich und desperat gewesen, und öfters, wenn er über irgendeiner Arbeit lange nachgedacht, in einen Zustand geraten sei, in dem er gar nichts mehr gedacht habe. Da die, auf meinen Antrag, hierüber abgehörten Zeugen, auf die sich Woyzeck berufen hatte, diese Angaben nicht bestätigten, so ist von mir ausdrücklich erinnert worden, »dass diese Umstände bei der gegenwärtigen Begutachtung dieses Falles um deswillen nicht zu berücksichtigen seien, weil sie bloß auf dem Zeugnisse des Inquisiten beruheten, und dass dieserhalb die weitere Bestätigung abzuwarten sei«. Zu gleicher Zeit ist

stellte ... vor machte ... deutlich

zuvörderst vor allem

bemerklich machen sagen

desperat verzweifelt, hoffnungslos

erinnert klargestellt, in Erinnerung gerufen

bei gedachter Untersuchung bemerkt worden, dass der Inquisit gemeiniglich während der ersten Minuten der Unterredung am ganzen Körper gezittert habe, dass er den Kopf stille zu halten nicht vermögend und sein Puls und Herzschlag in diesem Zustande sehr beschleunigt und verstärkt, ingleichen dass er seiner eignen Angabe nach etwas vollblütig und mit Nasenbluten behaftet gewesen sei. Da nun alle diese Zufälle sehr oft von Unordnungen und Störungen des Blutlaufs herrühren, da sich einige derselben, dem obigen zufolge, jetzt in etwas verstärktem Grade zeigen, und da es bekannt ist, dass Visionen, wie sie der Inquisit gehabt zu haben vorgibt, sehr oft mit dergleichen Störungen des Blutlaufs zusammenhängen, so schien es mir notwendig an jene schon früher beobachteten Tatsachen die gegenwärtige Untersuchung anzuknüpfen. Aus den hierüber an ihn gerichteten Fragen ergab sich Folgendes:

Er sei allerdings in seinen frühern Jahren, besonders unmittelbar vor und nach dem 30sten, etwas vollblütig gewesen und habe dabei zuweilen eine Spannung und Auftretung der Adern und ein Stechen im Kopfe gefühlt. Dieser Zustand sei öfters durch Nasenbluten erleichtert worden. [...] Um sich seinen Zustand nicht merken zu lassen, habe er meistens wenig gesprochen, auch zuweilen das, was andere mit ihm gesprochen hätten, nicht recht gehört, weil es ihm immer vor dem rechten Ohre gesaust und gebraust habe. Zuweilen sei ihm auch dunkel vor den Augen geworden und ihm gewesen, als ob er seinen Kopf nicht fühle. Zuweilen habe ihm dabei das Herz, unter einem Gefühl von krampfhafter Zusammenziehung, wie still gestanden, sich nachher gleichsam aufgeblasen und dabei sei ihm wohler geworden. Bei dergleichen Zufällen sei er manchmal sehr ärgerlich gewesen; auch könne er nicht leugnen, dass er überhaupt und besonders während seiner Dienstzeit oft zu viel Branntwein

vollblütig
→ Seite 148

Zufälle Anfälle, Zustände, Symptome
→ Seite 148

Blutlaufs vermutlich: Blutkreislaufs

Branntwein
Schnaps

getrunken habe. Der Anfang dieser Zufälle habe sich gerade zu der Zeit ereignet, wo er zu Stralsund mit der Wienbergin Umgang gehabt, und seine Gedanken immer auf die Vollziehung seiner Verbindung mit ihr gerichtet habe. Da er nun deshalb häufig zerstreut gewesen, so habe ihm dieses allerhand Neckereien von seinen Kameraden zugezogen, weshalb er sich von ihnen entfernt habe, und gleichgültig gegen alles und menschenscheu geworden sei. Bei dieser Verstimmung hätten sich die vorhin gedachten Beängstigungen am Herzen und die Benommenheit des Kopfes vermehrt, so dass er zuweilen, wenn er lange die Gedanken auf etwas gerichtet, zuletzt gar nichts mehr gedacht habe.

Da er nun immer mehr vexiert worden sei, da er auch von den Offiziers mancherlei unverdiente Kränkungen habe erfahren müssen, und sich zugleich seiner beabsichtigten Heirat immer mehr Schwierigkeiten in den Weg gestellt hätten, so habe sich Groll, Bitterkeit und Misstrauen gegen die Menschen überhaupt eingefunden. Er habe sich immer zwingen müssen, freundlich gegen die Menschen zu sein, und es sei ihm gewesen, als ob ihn alle für den Narren halten wollten. Daher sei er sehr empfindlich geworden, so dass ihn das Geringste habe aufbringen können. Bei geringeren Veranlassungen zum Unwillen habe er am ganzen Körper gezittert, aber dabei noch immer an sich halten können; bei stärkern Anreizungen aber sei ihm der Zorn in den Kopf und vor die Stirne gefahren, und habe ihn dergestalt überwältigt, dass er seiner nicht mehr mächtig gewesen. Namentlich habe er diese Abstufungen des Zornes bei seinen Zänkereien mit der Woostin wahrgenommen, und sich bei Verübung der Mordtat in einem solchen Zustande von Überwältigung befunden, dass er darauf losgestochen habe, ohne zu wissen, was er tue. – Zuweilen sei es ihm dabei gewesen, als ob er eine Force habe, um alles zerreißen zu kön-

die Vollziehung seiner Verbindung mit ihr den Geschlechtsverkehr mit ihr

Force
Stärke, Kraft

nen, und als ob er die Leute auf der Gasse mit dem Kopfe zusammenstoßen müsse, ob sie ihm gleich nichts zu Leide getan. Übrigens habe er einen Gedanken, den er einmal gefasst habe, nicht leicht wieder loswerden können, besonders unangenehme Vorstellungen, und dabei öfters lange hintereinander immer auf einen einzigen Gegenstand hingedacht, bis ihm zuletzt ganz die Gedanken vergangen seien und er gar nicht mehr habe denken können. Dieses sei der Zustand der Gedankenlosigkeit gewesen, den er einige Mal erwähnt habe, und der von ihm gewichen sei, wenn er die Gedanken auf einen andern Gegenstand gerichtet habe. Inzwischen habe ihn alles dieses nicht gehindert, alle seine Geschäfte ordentlich zu verrichten, und so habe er z. B. in diesem Zustand beim Regiment den Dienst eines Gefreiten, der ihm eigentlich nicht zugekommen, und wobei öfters zu schreiben gewesen, ohne Anstoß versehen. Sein ganzes Unglück aber sei eigentlich gewesen, dass er die Wienbergin habe sitzen lassen, da ihm doch seine Offiziers späterhin zu dem Trauschein hätten behülflich sein wollen. Bloß dadurch, dass er hierzu keine Anstalten gemacht, sei sein vorher guter Charakter verbittert worden, weil es nun einmal vorbei gewesen sei, und er es nicht wieder habe gutmachen können. Der Gedanke an sein Kind und an diese von ihm verlassene Person sei ganz allein die Ursache seiner beständigen Unruhe geworden, und dass er nie habe einig mit sich selbst werden können. Späterhin habe er sich auch Vorwürfe wegen seines Umgangs mit der Woostin gemacht, da er doch eigentlich die Wienbergin habe heiraten sollen. Er habe sich daher auch geärgert, wenn die Leute von ihm gesagt hätten, dass er ein guter Mensch sei, weil er gefühlt habe, dass er es nicht sei. –

Über seine Erscheinungen und die übrigen dahin einschlagenden Begebenheiten eröffnete er mir Folgendes:

Regiment größerer Truppenverband

Gefreiten Soldaten mit niedrigem Dienstgrad

ohne Anstoß versehen verrichtet, ohne dass es zu Beschwerden gekommen sei

Erscheinungen Visionen, Geistererscheinungen

I. Im Allgemeinen

Er habe von jeher an die Bedeutung der Träume geglaubt und sie nach seiner Art auszulegen gesucht, wobei vieles zu-
5 getroffen habe. Vor Gespenstern habe er sich zwar eigentlich nie gefürchtet; allein da es doch Geister gäbe, so glaube er, dass diese durch Gottes Schickung auf die Menschen wirken und in ihnen allerhand Veränderungen hervorbringen könnten. Da ihm nun verschiedene Male in seinem Leben
10 Dinge begegnet seien, die er sich aus dem gewöhnlichen Laufe der Natur nicht habe erklären können, so sei er auf den Gedanken gekommen, dass Gott sich auch ihm auf diese Weise habe offenbaren wollen, und sollte dies auch nicht der Fall gewesen sein, so könne er sich doch nicht überzeu-
15 gen, dass diese Dinge bloß in seiner Einbildung beruht haben sollten. – Zugleich gestand er auf Befragen, er habe die Gewohnheit gehabt, bald heimlich, bald, wenn er allein gewesen, laut mit sich selbst zu sprechen und dazu Gestikulationen zu machen, oder wie er sich ausdrückte, allerhand bei
20 sich auszufechten.

in auf

II. Im Besonderen.

25 Schon auf seinen Wanderungen habe er von reisenden Handwerksburschen allerhand nachteilige Gerüchte über die F r e i m a u r e r gehört, unter anderm, dass sie durch heimliche Künste, zu denen sie nichts als eine Nadel brauchten, einen Menschen ums Leben bringen könnten. Er habe dieses
30 damals nicht geglaubt, glaube es auch jetzt nicht mehr, allein er habe sich doch immer mit diesem Gedanken beschäftiget und sich allerhand Vorstellungen gemacht, woran sich wohl die Freimaurer untereinander erkennen möchten. Da

möchten
könnten

habe ihm einmal geträumt: er sehe drei feurige Gesichter am Himmel, von denen das mittlere das größte gewesen. Er habe diese drei Gesichter auf die Dreieinigkeit bezogen und das mittlere auf Christus, weil diese die größte Person in der Gottheit sei. Zugleich habe er gedacht, dass in dieser Zahl auch das Geheimnis der Freimaurer liegen könne, das ihm auf diese Art offenbart werden solle, und habe sich eingebildet, dass das Aufheben dreier Finger das Freimaurerzeichen sei. [...]

Was nun seine einzelnen Visionen, besonders diejenigen, von denen in den Akten Erwähnung geschieht, anlangt, so *vieler Umständ-* erzählte er mir mit vieler Umständlichkeit Folgendes: [...]
lichkeit großer
Ausführlichkeit

2) Über den Vorfall am Schlossberge in Graudenz.

Er sei einst im Oktober abends, ungefähr um sieben Uhr, aus der Festung Graudenz nach der eine halbe Stunde davon entlegenen Stadt gegangen, und habe da am Himmel drei feurige Streifen gesehen, die nachher wieder verschwunden seien. Als er sich umgesehen, habe er an der entgegengesetzten Seite des Himmels einen einzelnen ähnlichen Streifen gesehen, und dabei Glockengeläute gehört, was ihm unterirdisch geschienen hätte. Weil er sich nun damals immer noch mit dem Gedanken an die Freimaurer beschäftigt und geglaubt habe, dass ihm schon einmal durch die drei feurigen Gesichter hierüber eine Offenbarung zuteilgeworden sei, so habe er sich eingebildet, dass dieses wohl ähnliche Beziehung haben könne, und dass wohl die Freimaurer ihr Zeichen verändert, und ein anderes gewählt haben möchten, worauf das Verschwinden der drei Streifen und das Erscheinen des Einzelnen hindeute. [...]

[...]

4) Zu Erläuterung des Auftritts mit Warnecke.

Er sei grob gegen Warnecke gewesen, weil er geglaubt habe, dass ihn dieser für den Narren haben wolle. – Den Ausdruck:
5 der Kerl pfeift dunkelblau, habe er mehrmals gehört, könne aber nicht mehr sagen, was er damals eigentlich damit gemeint habe. Die Reime an Warnecke hätten sich darauf bezogen, dass dieser einmal auf der Redoute den türkischen Kaiser vorgestellt habe. Seine Absicht sei gewesen, dass er
10 ihm seine Grobheit nicht nachtragen solle.

der Kerl pfeift dunkelblau (vgl. Seite 27)

der Redoute dem Ball, Fest → Seite 148

vorgestellt dargestellt

5) Über die Vorfälle beim Zeitungsträger Haase.

15 [...] Zu dieser Zeit sei das Brausen in seinen Ohren sehr heftig gewesen, es habe ihm gedeucht, als ob ihm von oben her Hitze auf den Kopf ginge, und als ob ihm der Kopf zerspringen solle. Dabei habe er Schmerz in den Schläfen, Herzklopfen, allgemeine Hitze im ganzen Körper und Schweiß
20 vor der Stirne gehabt. Auf dem gedachten Verschlage habe er es in der Nacht und nachher auch bei Tage öfters knistern und rumoren hören und sich dabei des Gedankens nicht erwehren können, dass es Geister wären. Um diese Zeit habe ihm einmal von einem Geiste geträumt, der zu ihm
25 gesagt hätte: ich werde dir einen andern schicken! worauf er selbst im Traume geantwortet habe: ich fürchte mich nicht! –
Sechs Tage nachher, also gerade so lange, als nach einem ähnlichen Traume in Stettin, sei er abends nach zehn Uhr in
30 seine Kammer gekommen und habe die Türe schon zugemacht gehabt. Da habe auf dem Verschlage eine ganz feine Stimme, wie die eines jungen Frauenzimmers, die Worte gesagt: o komm doch! Es hätten sich ihm die Haare in die

habe ihm gedeucht sei ihm so vorgekommen

rumoren lärmen, geräuschvoll hantieren

eines jungen Frauenzimmers einer jungen Frau → Seite 149

Höhe gesträubt und er sei sogleich herunter zu Haasens gelaufen, wo er drei Nächte zugebracht habe. – Ein andermal,
als er am Tage in dieser Kammer gesessen, und eben eine
Arbeit beendiget, habe er in der Nebenkammer eine Stimme
gehört, welche gesagt: was macht er nun? Als er nach- 5
gesehen, sei niemand in der Kammer gewesen. – Darauf
habe es ihm einmal die Worte: aufs Deckbette, aufs
Deckbette, und ein anderes Mal: auf dem Teller, auf
dem Teller, zugeflüstert, wovon er auch der Haasin erzählt habe. Weil er aber von Haasens darüber ausgelacht 10
worden, habe er ihnen nachher nicht mehr alles gesagt. –
Einmal sei ihm gewesen, als ob eine Stimme mit ihm spräche
und eine dritte dazwischen sage: die erzählen sich einander etwas. Meistens habe es ihm geschienen, als ob sich
zwei miteinander stritten, gleichsam eine warnende Stimme, 15
und eine andere, die ihn wolle auf Abwege führen. Er habe
sich wohl zuweilen die Vorstellung gemacht, dies sei die
Stimme des Gewissens, aber das könne doch nicht laut sprechen. Mehrmals bediente er sich bei diesen Erzählungen des
Ausdrucks: Es habe um ihn geschrien. Als ich ihn aber 20
deshalb genauer befragte, nahm er diesen Ausdruck zurück
und sagte: er habe diese Stimme immer nur leise vernommen, aber doch so, dass er sie wirklich habe hören können.
Übrigens versicherte er zu wiederholten Malen, er habe diese Stimme immer nur mit dem rechten Ohre gehört. Ge- 25
wöhnlich sei es ihm gewesen, als ob jemand auf seiner rechten Seite neben ihm gehe und ihm zuflüstere. [...] In dem
Sommer, wo er bei Haasens gewohnt, habe ihn der Gedanke
an Selbstmord auch immer verfolgt, und er habe, als er einmal baden gegangen sei, die Stimme gehört: Spring ins 30
Wasser, spring ins Wasser!

Die hier beschriebenen Beängstigungen und Beunruhigungen durch Stimmen hätten übrigens zur Zeit seines Auf-

Deckbette
»ein Federbett,
womit man sich
zudecket«
(Adelung)

enthalts bei Haasen ihren höchsten Grad erreicht, und sich nachher allmählich beruhigt und vermindert.

Seine Eifersucht gegen die Woostin schreibe sich von der Zeit her, wo er bei dem Stadtsoldaten Pfeiffer gewohnt habe. Als in Gohlis die Kirmse gewesen, habe er abends im Bette gelegen und an die Woostin gedacht, dass diese wohl dort mit einem anderen zu Tanze sein könne. Da sei es ihm ganz eigen gewesen, als ob er die Tanzmusik, Violinen und Bässe durcheinander, höre, und dazu im Takte die Worte: Immer drauf, immer drauf! Kurz vorher habe ihm von Musikanten geträumt, und das habe ihm immer was Übles bedeutet. Am andern Tage habe er gehört, dass die Woostin wirklich mit einem andern in Gohlis gewesen sei und sich lustig gemacht habe!

6) In Ansehung der Ereignisse von der Neujahrs- bis zur Ostermesse des Jahres 1821, ingleichen der Vergehungen, die er sich während dieser Zeit zu verschiedenen Malen gegen die Woostin erlaubt hat, blieb er ganz bei seinen in den Verhören erstatteten Aussagen stehen, und versicherte, dass er zu denselben bloß durch Eifersucht, wozu ihm diese Person häufig Gelegenheit gegeben, keineswegs aber durch die Stimmen, die sich um ihn vernehmen lassen, veranlasst und gereizt worden sei. Überhaupt habe sie ihn schon lange vorher für den Narren gehabt, ihm manchmal schnöde begegnet, ihm einmal, als er beleidigt von ihr gegangen, zum Fenster heraus nachgerufen: Du kannst abkommen, und ihn überhaupt wegen seiner Armut verachtet, dennoch aber sich manchmal wieder mit ihm abgegeben. Während er bei der Wittigin gewohnt habe, sei es ihm einmal, als die Woostin vor dem Grimmaischen Tore von ihm Abschied genommen, und ihm noch aus der Entfernung dreimal: Leb wohl! zugerufen habe, gewesen, als ob eine Stimme zu ihm sage: Sie will nichts von dir wissen. – Die Stimme: Stich die

schreibe sich
rühre

Gohlis
Ort im Norden
Leipzigs (1890
eingemeindet)

lustig gemacht
(dort) vergnügt
→ Seite 149

In Ansehung
Hinsichtlich

schnöde begegnet verächtlich
begegnet
→ Seite 149

Du kannst
abkommen
Du kannst
dich verziehen
→ Seite 149

Grimmaischen
Tore
→ Seite 149

nach zu Frau Woostin tot! habe er auf der Treppe nach seinem
Logis gehört, als er eben die Degenklinge gekauft gehabt,
und sie mit dem Gedanken besehen habe, dass sich daraus
müssten hübsche Messer machen lassen. Übrigens habe er,
wie er wiederholt, und in mehreren Unterredungen 5
versicherte, diese Stimme nur dieses einzige Mal und nachher nie wieder gehört, auch seien in den acht Tagen vor der
Mordtat, wo er herberglos herumgelaufen, und weil er kein
Geld gehabt, weniger Schnaps getrunken habe, die Beängstigungen geringer und die Stimmen seltner gewesen. Am Tage 10
der Mordtat selbst aber habe er gar keine Beängstigungen
gehabt und gar keine Stimmen gehört, auch an die Stimme die ihn aufgefordert, die Woostin zu erstechen, gar nicht
gedacht, wohl aber habe der Gedanke, die Woostin zu erstechen, ihn von jenem Augenblick an unablässig verfolgt, sei 15
jedoch immer nur ein Übergang und gleich wieder vorbei
gewesen, auch habe er, um ihn loszuwerden, den Degen in
den Teich vor dem Grimmaischen Tore werfen wollen. Was
die Ereignisse des Tages betrifft, an dem die Mordtat geschehen ist, so versichert er zwar fortwährend, dass ihm davon 20
nur ein dunkles Andenken geblieben sei. Dennoch erinnerte
er sich nicht nur vollkommen deutlich an die Hauptum-
stände: nämlich dass er schon am Morgen dieses Tages die
Woostin unter einem falschen Vorwand aufgesucht, den
ganzen Tag herumgelaufen, die Degenklinge, in der Absicht 25
zu morden, abgeholt, und den Griff daran befestigt, die
Peterstore
→ Seite 149 Woostin, der er vor dem Peterstore zufällig begegnet sei,
nach Hause begleitet und ihr in der Hausflur mehrere Stiche
beigebracht habe; sondern er fügte auch noch ungefragt
mehrere, bei den Akten noch nicht erwähnte Umstände hin- 30
zu, nämlich dass er am Mittage dieses Tages bei Herrn La-
carriere gewesen sei, ihm das nachher gefundene Bitt-
schreiben überreicht, von ihm acht Groschen Almosen unter

Zurückgabe des Briefes erhalten, und dafür sich zu essen habe geben lassen; ferner, dass er, als ihm die Woostin begegnet, sich zwar anfänglich gefreut habe, dass aber diese Freude bald vorbei gewesen sei, als er gemerkt, dass sie seine Begleitung nicht gerne sehe, aus Furcht, sein Nebenbuhler möchte sie mit ihm gehen sehen, weshalb er auch mehr ihr zum Tort noch mitgegangen sei; endlich: dass ihm die Woostin, als sie miteinander ins Haus getreten, die Worte gesagt habe: Ich weiß gar nicht, was du willst! so geh doch nur nach Hause! Wenn nun mein Wirt rauskommt. Diese Worte hätten ihn geärgert, und da habe ihn der Gedanke an das Messer und an seinen Vorsatz plötzlich wieder mit aller Macht ergriffen, und ihn mit einem Male dergestalt überwältiget, dass er darauf zugestoßen habe, ohne zu wissen, was er tue.

[…]

ihr zum Tort um sie zu ärgern → Seite 149

I. Medizinisch-psychologische Entwickelung der teils aus den Akten geschöpften, teils selbst beobachteten Tatsachen.

1) Die an dem Inquisiten teils von mir beobachteten, teils von ihm selbst erzählten und wegen ihres natürlichen und erfahrungsmäßigen Zusammenhangs für völlig glaubwürdig zu achtenden körperlichen Zufälle […] beweisen: dass derselbe sich in derjenigen krankhaften Anlage befinde, die man ehedem Vollblütigkeit und Neigung zu Wallungen und Kongestionen des Blutes genannt, in neuern Zeiten aber durch die Ausdrücke: venöse Konstitution und erhöhten Venenturgor näher zu bezeichnen versucht hat, und die ihrem Wesen nach, in vermehrter Reizbarkeit und unregelmäßiger Tätigkeit des Gefäß- und besonders des Venensystems gegrün-

Entwickelung Analyse, Auswertung

achtenden bewertenden

Zufälle (siehe Seite 82 und Seite 148)

ehedem früher

Kongestion lokaler Blutandrang (etwa bei Entzündungen)

Konstitution körperliche Verfassung

Venenturgor erhöhter Druck des in den Venen fließenden Blutes det ist [...]. Übrigens muss hier, um allen Missverständnissen und unrichtigen Deutungen vorzubeugen, ausdrücklich erinnert werden, dass vor der Hand bloß eine Anlage zu solchen Übeln, keineswegs aber eine schon wirklich ausgebildete Krankheit des Herzens und der Gefäße, oder irgendeine andere Krankheit, wie sie auch immer Namen haben möge, vorhanden sei.

Namen haben
heißen, zu
nennen sein

2) [...] Dass auch Woyzecks Benommenheit und seine finstere menschenscheue und reizbare Gemütsstimmung von der körperlichen Anlage abhängig gewesen sei, kann nicht bezweifelt werden, besonders, wenn man erwägt, dass seinen Erzählungen zufolge beide gleichen Schritt gehalten haben. [...] So wie übrigens die tägliche Erfahrung lehrt, dass Personen, welche sich in dieser Anlage befinden, im Stande sind, allen ihren bürgerlichen und moralischen Pflichten zu genügen, so sagt auch Woyzeck, dass ihn alles dieses nicht gehindert habe, seine Geschäfte ordentlich zu besorgen, und mehrere Äußerungen von ihm, z. B. dass er absichtlich wenig gesprochen habe, um seinen Zustand nicht merken zu lassen, und dass durch Richtung der Gedanken auf einen andern Gegenstand die Benommenheit des Kopfes sich verliere, geben zu erkennen, dass bei ihm die Freiheit des Willens in diesem Zustande keineswegs aufgehoben gewesen sei.

besorgen
erledigen

3) Der Inquisit hegt allerhand irrige, phantastische und abergläubische Einbildungen von verborgenen und übersinnlichen Dingen, denen bei ihm teils Mangel an Kenntnis und Erziehung, teils Leichtgläubigkeit zum Grunde liegt, und die durch Neugier, durch einen natürlichen Hang, über dergleichen Dinge nachzugrübeln, und durch die, in seiner hypochondrischen Stimmung begründete Scheu, sich mitzuteilen, genährt und unterhalten worden ist. Dahin gehört zuerst die ihm aufgeheftete Lüge von den geheimen Künsten

hypochon-
drischen über-
trieben um die
eigene Gesund-
heit besorgten

der Freimaurer, die ihn sehr angelegentlich beschäftigt und zu allerhand phantastischen Kombinationen und Versuchen verleitet hat. Dass er [...] der Gedanken nicht loswerden konnte, dass eine geheime Gesellschaft, der er nichts Gutes

5 zutraute und die er beleidigt zu haben glaubte, ihn verfolge: – dieses alles hängt mit den Einbildungen und der Furchtsamkeit dieses Menschen, mit seinen damaligen Verhältnissen und seiner körperlichen Anlage so natürlich zusammen, dass es sich daraus vollständig und ungezwungen erklären

10 lässt. – Eben dahin gehört ferner seine Vorstellung von der Wichtigkeit der T r ä u m e , von denen er glaubt, dass sie teils buchstäblich in Erfüllung gehen, teils eine allegorische Bedeutung haben, vermöge deren durch sie bald verborgene Dinge, z. B. die von ihm als sehr wichtig betrachteten Zei-

15 chen der Freimaurer, angezeigt, bald die Zukunft enthüllt werde. – – Aus derselben Quelle entspringt endlich auch sein Glaube an die Möglichkeit materieller Wirkungen der Geisterwelt und selbst an Verkörperung der Geister oder Geistererscheinungen. Die von ihm dafür gehaltenen Ereig-

20 nisse sind offenbar von doppelter Art, nämlich teils solche, wo er aus Furcht und phantastischer Einbildung irgendeine äußere, natürliche Erscheinung, ohne sie näher zu untersuchen, für eine Wirkung übersinnlicher Wesen gehalten hat, teils solche, bei denen durch seinen unruhigen Blutumlauf

25 eine Sinnestäuschung veranlasst, diese aber durch die bei ihm vorwaltenden abergläubischen Vorstellungen zu einer übernatürlichen Erscheinung gestempelt worden ist.

[...]

Dass übrigens die Einbildung, fremde Stimmen zu hören,

30 bei Personen, die an Wallungen des Blutes, oder an Unterleibskrankheiten leiden, eine nicht ungewöhnliche Erscheinung und keineswegs notwendig und in allen Fällen mit einer Hemmung, oder mit einem Verlust des freien Ver-

allegorische sinnbildhafte

materieller stofflicher, körperlich greifbarer

standesgebrauches verbunden sei, werde ich weiter unten durch mehrere Fälle aus meiner eignen Beobachtung beweisen.

II. Folgerungen, die aus vorstehenden Tatsachen für die Zurechnungsfähigkeit des Inquisiten gezogen werden können.

Wenn die Frage entsteht: ob der von dem Inquisiten angegebene Zustand von Angst, Unruhe und Benommenheit des Kopfes und seine damit als nächste Wirkungen in Verbindung stehenden Vorstellungen von Geisterlärm und Zuruf von fremden Stimmen die Zurechnungsfähigkeit desselben insofern zu vermindern, oder aufzuheben vermögen, als sie bei ihm entweder überhaupt ein Hindernis für den freien Gebrauch des Verstandes gewesen sind, oder als ein direkter Antrieb zu der Tat selbst betrachtet werden können, und ob sich von dem einen oder von dem andern, vor, bei und nach der Tat Spuren nachweisen lassen, so ist hierüber Folgendes zu bemerken:

1) Was das daraus möglicherweise hervorgehende Hindernis für den freien Verstandesgebrauch überhaupt anlangt; dass zwar: a) ein unregelmäßiger Blutumlauf und Kongestionen des Blutes nach dem Kopfe, oder diejenige krankhafte Anlage, die sich bei dem Inquisiten durch die mehrmals erwähnten Beängstigungen, Herzklopfen, Benommenheit des Kopfes, Ohrenbrausen etc. offenbart hat, so wie sie als entfernte und vorbereitende Ursache zu vielen andern Krankheiten, z. B. zu Blutflüssen, Hypochondrie, Fehlern des Herzens, Gicht, Steinbeschwerden etc. betrachtet werden muss, ebenso auch öfters als Anlage

Blutflüssen
→ Seite 150

Steinbeschwerden
→ Seite 150

zu Gemütskrankheiten beobachtet wird, b) Woyzeck in Folge dieses Zustandes sich in einer finstern, hypochondrischen Stimmung befunden, sich von andern zurückgezogen, bei anhaltender Richtung der Gedanken auf einen Gegenstand zuletzt gar nichts mehr gedacht und sich mit allerhand leeren Einbildungen gequält hat, c) Wahnsinnige ebenfalls zuweilen ohne objektive Veranlassung Töne und Stimmen zu vernehmen und sich mit Personen zu unterhalten glauben, die nicht vorhanden sind; dass aber dagegen

ad a) die Anlage zu einer Krankheit etwas ganz anderes ist, als die Krankheit selbst, und der vorgedachte krankhafte Zustand des Gefäß- und insbesondere des Venensystems, ob er gleich die vorbereitende Ursache zu einer Gemütskrankheit werden kann, dessen ungeachtet noch keine Gemütskrankheit ist [...];

ad b) eine finstere und zugleich reizbare Gemütsstimmung, Menschenscheu, Liebe zur Einsamkeit, Benommenheit des Kopfes, Verminderung der gewohnten Kraft einen Gegenstand des Nachdenkens lange zu verfolgen, Zerstreuung und momentane Unfähigkeit zum Nachdenken überhaupt, oder auch Beschäftigung mit unwillkürlich sich aufdringenden Bildern, einer trüben Einbildungskraft, deren man sich oft mit aller Kraft des Willens nicht erwehren kann, bloß Symptome der Hypochondrie sind, welche, wie unzählige Erfahrungen bei den achtbarsten, geistreichsten und tätigsten Männern lehren, den freien Gebrauch des Verstandes nicht im Mindesten beschränken, oder gar aufheben. Sollte gegen diese Ansicht der Einwurf erhoben werden, dass eine solche reizbare Gemütsstimmung wenigstens insofern die Schuld eines in diesem Zustand begangenen Verbrechens vermindere, als es einem Menschen, der sich in demselben befindet, schwerer werden muss, gegebenen Anreizungen zu widerstehen, so müsste ich allerdings es rich-

Tempera-
mentsfehler
→ Seite 150

legale
gesetzliche

terlichem Ermessen anheimstellen, zu entscheiden, ob Temperamentsfehler, wie dieser, nicht bloß die moralische, sondern die legale Schuld eines Vergehens vermindern, weil über die Schuld überhaupt, so wie über das Mehr oder Weniger derselben, und insbesondere der moralischen, dem gerichtlichen Arzt kein Urteil zustehet, am wenigsten, wenn er nicht ausdrücklich darum gefragt wird, zugleich aber vom gerichtlich-medizinischen Standpunkt aus erinnern, dass hier nicht von der Leichtigkeit oder Schwierigkeit, sondern von der Möglichkeit oder Unmöglichkeit leidenschaftlichen Antrieben zu widerstehen, die Rede sei. Erst da, wo diese Möglichkeit aufhört, ist die Grenze der Zurechnungsfähigkeit, welche die gerichtliche Medizin festhalten muss, wenn sie sich nicht in endlose Verwirrungen verlieren und zum Deckmantel aller und jeder Verbrechen herabgewürdigt werden soll. Um aber annehmen zu können, dass ein Mensch, bei Begehung eines Verbrechens, jenseits dieser Grenze gestanden habe, muss erwiesen werden, entweder, dass sich vor, bei oder nach der Tat in dem Erkenntnis- und Urteilsvermögen, in den Reden und Handlungen desselben, Abweichungen vom gesunden Seelenzustande überhaupt offenbart haben, oder dass derselbe, ohne durch die gewöhnlichen, leidenschaftlichen Motive angereizt worden zu sein, nach einem ungewöhnlichen, blinden und instinktartigen Antriebe gehandelt habe. Dass weder das eine noch das andere bei Woyzeck der Fall gewesen sei, wird sich aus dem Folgenden näher ergeben und ich bemerke daher hier bloß vorläufig, um der Vermutung zu begegnen, als ob diese körperliche Anlage und reizbare Gemütsstimmung dennoch vielleicht gerade in diesem individuellen Falle die Möglichkeit, mit Willensfreiheit zu handeln, aufgehoben haben könne, dass es dem Inquisiten mit derselben Willensfreiheit, mit der er wenige Augenblicke nach der Tat den Selbstmord unterließ, weil zu viele Leute in der Nähe waren, auch mög-lich gewesen sein würde, die Tat selbst zu unterlassen.

ad c) Sinnestäuschungen und Verwechslung subjektiver Empfindungen mit objektiven Vorstellungen selbst bei gesundem und noch viel öfter bei krankhaftem Zustande der Sinnesorgane und der mit denselben in Beziehung stehenden Organe und Systeme, besonders des Verdauungs-, des blutführenden und des Nervensystems sehr häufig vorkommen, und zu falschen Urteilen und Schlüssen, zu Irrtümern und Vorurteilen Gelegenheit geben, ohne im Übrigen dem freien Vernunftgebrauch Eintrag zu tun. [...] So kommen schon im gemeinen Leben häufig Beispiele vor, dass Personen, die an Blutandrang oder an Blähungen und andern Unterleibsbeschwerden leiden, allerhand Töne, Musik, Glockengeläute, entfernte Stimmen, das Rufen ihres Namens u. dergl. zu vernehmen glauben. [...]

Hierzu kommt noch, dass

d) Sinnestäuschungen und namentlich die Einbildung, ohne objektive Veranlassung Töne und Stimmen zu vernehmen, wenn sie sich zu irgendeiner Seelenkrankheit, sie sei nun Wahnsinn oder Narrheit, Tollheit, Melancholie u. s. w. gesellten, niemals isoliert erscheinen, sondern jedes Mal mit andern allgemeinen Symptomen einer Seelenstörung verbunden sind, die nach Maßgabe der speziellen Form der Krankheit, verschiedene Farben und Schattierungen annehmen. Zu diesen allgemeinen Symptomen gehören: ein ungewöhnliches, auffallendes und phantastisches Betragen gegen andere, unzusammenhängende, verworrene, die Empfindung, oder die Leidenschaft, von der das Innere erfüllt ist, verratende Äußerungen, zweckwidrige, widersinnige Fragen und Handlungen, ein wildes ungestümes, zänkisches oder stumpfsinniges und starres Wesen, Vernachlässigung der

dem ... Eintrag zu tun den ... zu mindern

Melancholie Schwermütigkeit, Niedergeschlagenheit, Trübsinn natürlichen Bedürfnisse und der gewohnten Beschäftigungen. Von allen diesen Symptomen ist keines bei dem Inquisiten beobachtet worden, sondern alle Zeugen stimmen darin überein, dass er vor, während und nach den Perioden, wo ihm dergleichen Sinnestäuschungen widerfahren sind, ein verständiges, sittsames, besonnenes, ruhiges und friedliches Betragen beobachtet und seine Geschäfte ordentlich besorgt habe. Aus eben diesem Grunde können daher auch die Traurigkeit, Niedergeschlagenheit und Verschlossenheit, die man zuweilen an ihm bemerkt hat, nicht als Symptome einer Seelenstörung angesehen werden, weil man dann mit gleichem Rechte alle diejenigen für geisteskrank erklären müsste, die sich wegen körperlicher Beschwerden, Nahrungslosigkeit oder Gewissensunruhe in einer ähnlichen Stimmung befinden, und die auch bei Woyzeck, allen Umständen und seinem eignen Geständnis nach, aus diesen Ursachen, besonders aus den beiden letztgedachten, herzuleiten ist, wie solches besonders aus seinem Geständnis über die Wienbergin erhellet.

2) Was die Möglichkeit betrifft, dass in der, im Vorhergehenden geschilderten, körperlichen und geistigen Verfassung des Inquisiten, gesetzt auch, dass sie als eine wirklich ausgebildete Seelenstörung nicht zu betrachten sei, dennoch ein außerordentlicher, blinder und unwillkürlicher Antrieb zu der von ihm begangenen Mordtat verborgen gelegen haben könne, und mithin dieser Zustand als stille Wut (amentia occulta) betrachtet werden müsse; so lässt sich für diese Vermutung anführen:

a) dass der Inquisit, seinen Erzählungen zufolge, bei seinen Blutwallungen und Beängstigungen und bei seinem Unmut über widrige Schicksale, öfters Groll und Widerwillen gegen die Menschen überhaupt gehegt und eine ungewöhnliche Kraft, als solle er alles zerreißen, gefühlt hat, wobei ihm zuweilen gewesen, als solle er die Leute auf der Gasse, auch wenn sie ihm nichts zu Leide getan, mit den Köpfen aneinanderstoßen;

b) dass ihm, bei Besichtigung des nachherigen Mordinstruments, eine unsichtbare Stimme zugerufen haben soll: Stich die Frau Woostin tot;

c) dass er in der ersten Zeit nach seiner Verhaftung keine Reue gezeigt hat, welches man oft bei denen bemerkt haben will, die nach einem gebundenen Vorsatz handeln;

gebundenen wohl: festen

d) dass er sich der Begebenheiten des Tages, an dem er die Mordtat begangen hat, nicht mehr deutlich erinnert.

[...]

Dieses vorausgesetzt erinnere ich:

erinnere ich möchte ich anführen, möchte ich in Erinnerung rufen

ad a) dass Unmut, Unzufriedenheit mit sich selbst, Argwohn, Misstrauen und Bitterkeit gegen andere, Reizbarkeit zum Ausbruche eines ungerechten Zorns auf leichte Veranlassungen u. s. w. bei Personen, die an Blutbeschwerungen, Hypochondrie, Hämorrhoiden und dergl. leiden, [...] viel zu häufige Erscheinungen sind, um in ihnen eine unvermeidliche Notwendigkeit und einen blinden instinktartigen Trieb zu verbrecherischen Handlungen zu finden, da Tausende von Menschen, bei gleicher Missstimmung sich in den gesetzlichen und moralischen Schranken zu halten wissen. [...]

ad (lat.) zu (Punkt ...)

Hämorrhoiden »knotenförmig hervortretende Erweiterungen der Mastdarmvenen um den After herum« (Duden Wörterbuch)

ad b) Was überhaupt von den fremden Tönen und Stimmen und insonderheit von dem Zurufe: Stich die Frau Woostin tot, zu halten, und dass der letztere samt Antwort und Gegenantwort nichts anderes sei, als ein Selbstgespräch Woyzecks beim Erwachen des ersten Gedankens zur Mordtat, dieses alles ist bereits oben, wie ich hoffe, mit überzeugenden Gründen, dargetan worden, so dass hierüber nichts hinzugefügt werden kann. [...]

insonderheit insbesondere

ad c) Mangel an Reue für sich allein beweist ebenso wenig für als gegen die Zurechnungsfähigkeit einer Handlung, weil er aus sehr verschiedenen Ursachen entstehen kann, die sich bloß aus den übrigen Umständen erkennen lassen. [...]

ad d) ist zu bemerken, dass sich Woyzeck in dem Verhör am 4. Juni 1821 aller Vorfälle des Tags, an dem die Tat geschehen, soweit er darüber befragt worden ist, sehr umständlich erinnert und sogar Personen namhaft gemacht hat, die er bei seinem Herumlaufen gelegenheitlich habe sprechen wollen [...]. Es ist daher nach allen Umständen bei der Tat selbst anzunehmen, dass das Übergewicht der Leidenschaft über die Vernunft die einzige Triebfeder derselben gewesen sei. Ebenso wenig lässt sich

f) aus Woyzecks Benehmen nach der Tat ein Beweis für die Existenz eines krankhaften Gemütszustandes überhaupt, oder eines individuellen und ungewöhnlichen Antriebes herleiten. Er entfernte sich im Geschwindschritt, wie jeder andere Verbrecher getan haben würde, weil ihn niemand aufhielt. [...]

Aus den im Vorhergehenden dargestellten Tatsachen und erörterten Gründen schließe ich: dass Woyzecks angebliche Erscheinungen und übrigen ungewöhnlichen Begegnisse als Sinnestäuschungen, welche durch Unordnungen des Blutumlaufes erregt und durch seinen Aberglauben und Vorurteile zu Vorstellungen von einer objektiven und übersinnlichen Veranlassung gesteigert worden sind, betrachtet werden müssen, und dass ein Grund, um anzunehmen, dass derselbe zu irgendeiner Zeit in seinem Leben und namentlich unmittelbar vor, bei und nach der von ihm verübten Mordtat sich im Zustande einer Seelenstörung befunden, oder dabei nach einem notwendigen, blinden und instinktartigen Antriebe und überhaupt anders, als nach gewöhnlichen leidenschaftlichen Anreizungen gehandelt habe, nicht vorhanden sei.

Indem ich diesen Bericht und dieses Gutachten als der Wahrheit und den Grundsätzen meiner Wissenschaft gemäß, durch meines Namens Unterschrift und Siegel bestätige, füge ich wegen der ungewöhnlichen Schwierigkeit, Vielseitigkeit und Wichtigkeit des von mir beurteilten Gegenstandes den Antrag hinzu, dass über die von mir aufgestellte Ansicht, selbst wenn gegen dieselbe erhebliche Zweifel nicht beigebracht werden sollten, annoch ein Responsum der medizinischen Fakultät eingeholt werden möge.

[...]

Mittlerweile wurde (14. Feb.) auf des Verteidigers Antrag von dem Stadt- und Landgericht zu Stralsund über Woyzecks Vernehmen allda Erkundigungen eingezogen. Aus der Befragung von sechs Personen, unter denen sich sein Hauswirt, die erwähnte Wienbergin, sein ehemaliger Feldwebel und mehrere Kameraden befanden, ergab sich, dass Woyzeck beim Regimente den Namen Wutzig und einen falschen Vornamen geführt, dem Trunk sehr ergeben, auch einmal, wegen eines Diebstahls, auf sechs Monate unter die Sträflinge versetzt gewesen sei, dass man aber weder von seinen angeblichen Erscheinungen etwas erfahren, noch irgendetwas Auffallendes in seinen Reden und Handlungen, oder gar Zeichen von Geistesverwirrung oder von Anlage dazu, an ihm bemerkt habe. Insonderheit gibt die Wienbergin, deren mit Woyzeck erzeugtes Kind sich noch am Leben befindet, an, dass sie mit seinem Benehmen immer sehr zufrieden gewesen sei, dass er sich aber teils durch Eifersucht, teils durch Trunkenheit oft zu Härte und zu Tätlichkeit gegen sie habe verleiten lassen. Übrigens gab sie aus dem Ge-

annoch
(siehe Seite 67)

Responsum
(lat.) Gutachten,
Stellungnahme

dächtnis den Inhalt eines verlornen Briefes von ihm zu Protokoll, dessen zum Teil rätselhafte Ausdrücke sie aus seiner Eifersucht und Trunkfälligkeit erklärlich findet. (3. Apr.)

Die medizinische Fakultät allhier fand kein Bedenken in ihrem hiernächst unterm 17. April eingegangenen Responsum das von mir abgegebene Gutachten in seinem ganzen Umfange zu billigen und zu bestätigen, wobei sie sich zugleich aus Gründen gegen die Zulässigkeit eines zweiten Arztes bei Untersuchung zweifelhafter Seelenzustände erklärt, und die von mir aufgestellten Grundsätze zur Bestimmung der Fälle, in denen allein ein blinder Antrieb zu verbrecherischen Handlungen anzunehmen sei, geeignet findet, bei Untersuchung und Bestimmung ähnlicher Fälle als Norm zu dienen. [...]

hiernächst
hier

5

10

Zur Textgestalt

Der in seiner Heimat, dem Großherzogtum Hessen, steckbrieflich gesuchte, 22 bzw. (ab dem 17. Oktober 1836) 23 Jahre alte Revolutionär Georg Büchner war in den letzten Monaten seines Lebens hauptsächlich damit beschäftigt, von Straßburg nach Zürich überzusiedeln und dort als Privatdozent an der drei Jahre zuvor gegründeten Universität Fuß zu fassen. Nebenher arbeitete er an einem Theaterstück, das nicht mehr fertig geworden ist. Überliefert sind 46 schlecht erhaltene Seiten in Büchners schwer leserlicher Handschrift, aus denen die Büchnerforschung – auch mithilfe chemischer Papier- und Tintenanalysen – vier Entwurfsstufen ermittelt hat.

Die erste, wohl noch in Straßburg entstandene Handschrift (H1) besteht aus 21 Szenen, die zweite (H2) aus neun Szenen, die dritte (H3) nur aus einem Zusatzblatt, auf dem zwei Szenen notiert sind, und die letzte (H4), die wohl in Zürich entstand und die auch als Hauptentwurf bezeichnet wird, aus 17 Szenen. Aus diesen Entwurfsstufen, die man sich im Internet auf dem »Georg Büchner | PORTAL« (www.buechner-portal.de/) ansehen kann, eine zusammenhängende Lesefassung herzustellen, ist eine Herausforderung, die im Laufe der Editionsgeschichte des Stücks zu verschiedenen Textfassungen geführt hat. Zum ersten Mal ist das Stück gut vier Jahrzehnte nach Büchners Tod gedruckt worden. Es erschien, herausgegeben von dem österreichischen Schriftsteller Karl Emil Franzos, 1878 in einer literarischen Zeitschrift und dann 1880 innerhalb der Ausgabe »Sämmtliche Werke und handschriftlicher Nachlass«. Da die Handschriften keinen Hinweis auf den von Büchner vorgesehenen Titel gaben, nannte Franzos das Stück nach der Hauptfigur. Er hatte jedoch, wie jedermann, Mühe mit Büchners Handschrift und las daher »Wozzeck« statt »Woyzeck«. So erklärt sich auch der Titel der 1925 in Berlin uraufgeführten Oper »Wozzeck« von Alban Berg (1885–1935), da sich der Komponist noch auf die Ausgabe von Franzos stützte.

In den letzten Jahrzehnten hat die Büchnerforschung große Erkenntnisgewinne erzielt. Diese Erkenntnisgewinne wurden maßgeblich in der sogenannten Marburger Ausgabe von Büchners »Sämtlichen Werken und Schriften« (Darmstadt: Wissenschaftliche Buchgesellschaft 2000–2013) dokumentiert. Ein von Gerald Funk nochmals verbesserter »Woyzeck«-Text erschien in der Ausgabe von Büchners »Werken und Briefen« (Darmstadt: Lambert Schneider 2013). Die vorliegende Leseausgabe für den schulischen Literaturunterricht basiert auf diesem aktuellen Erkenntnisstand, der in ›abgespeckter Form‹ im »Georg Büchner|PORTAL« dokumentiert ist. Der Redakteur dieser Schulausgabe und der Verlag danken dem Herausgeber der »Marburger Ausgabe« (Burghard Dedner) sowie den Herausgebern der Lambert Schneider-Ausgabe (Arnd Beise, Gerald Funk und Tilman Fischer) sehr herzlich für die Erlaubnis, den von ihnen edierten Text zu verwenden. Ebenso danken Redakteur und Verlag der Wissenschaftlichen Buchgesellschaft und dem Verlag Lambert Schneider für ihr Einverständnis.

Auch die Erläuterungen in diesem Band fußen notwendigerweise auf der Arbeit der Büchnerforschung. Zu nennen sind hier insbesondere Burghard Dedner, Gerald Funk und Christian Schmidt (»Woyzeck«) sowie Gerhard Schaub (»Der Hessische Landbote«).

Anders als die im »Georg Büchner|PORTAL« präsentierte Lesefassung des Stücks, deren Text die vorliegende Ausgabe folgt, ist die Rechtschreibung des »Woyzeck« in dieser Ausgabe an den heutigen Stand angepasst. Das betrifft Schreibungen wie »seyn«, »bey«, »Thaler«, »Thier«, »Thränen«, »thut«, »Mährchen«, »Doctor«, »confus«, »jezt«, »schwizt«, »blos«, »grösten«, »giebt«, »rasirt«, »probir«, »philosophirt« oder »Schaam«. Auch in die Groß- und Kleinschreibung wurde insofern eingegriffen, als nun statt »Alles/Alle«, »Niemand« und »Jemand« »alles/alle«, »niemand« und »jemand« steht, weil in diesen Fällen keine Hervorhebungen durch gezielte Großschreibung vorliegen, da diese Wörter im frühen 19. Jahrhundert allgemein großgeschrieben wurden. Die Groß- und Kleinschreibung von »Paar« und »paar« wurde seinerzeit gerade umgekehrt verwendet wie heute. Auch hier ist die Schreibung an die heutigen Regeln angepasst, um Missverständnisse auszuschließen; und auch die höfliche Anrede »Sie« wurde im Sinne der heutigen Regel vereinheitlicht (in Büchners Handschriften wird »Sie« oft, aber auch nicht immer, kleingeschrieben); das Gleiche gilt für die Anrede »Er«, die Angehörige der Oberschicht gegenüber ›einfachen Leuten‹ und Vorgesetzte gegenüber ihren Untergebenen verwendeten. Ferner wurde die im Manuskript recht willkürlich gehandhabte Verwendung von Apostrophen vereinheitlicht; und ebenso die Gestaltung der Nebentexte (Regieanweisungen).

Der Lautstand blieb hingegen unangetastet, wie es sich heutzutage bei Neuausgaben älterer Werke als editorische Praxis weitgehend durchgesetzt hat. Nur »Brod« wurde in »Brot« verändert, weil diese Anpassung auf die Aussprache so gut wie keinen Einfluss hat. Bei der Zeichensetzung wurde nur an solchen Stellen (und immer behutsam) eingegriffen, an denen anzunehmen ist, dass Büchner die Dialogpartien in flüchtiger Eile notiert und dabei keinen Wert darauf gelegt hat, beispielsweise am Ende einer Äußerung ein Satzschlusszeichen zu setzen oder aber zu überlegen, ob es nach einem Satzzeichen mit Groß- oder mit Kleinschreibung weitergehen soll.

Der zweite Text dieses Bands ist die im Frühjahr 1834 entstandene Flugschrift »Der Hessische Landbote«. Sie wird hier, wie in den meisten Ausgaben der Werke Büchners, nach der ersten Auflage vom Juli 1834 zitiert, die von der Forschung als die maßgebliche betrachtet wird. Auch hier ist die Rechtschreibung aktualisiert, während Zeichensetzung und Lautstand unangetastet bleiben.

Als dritten Text bietet dieser Band Büchners wichtigste Quelle für sein letztes, unvollendetes Stück: ein psychiatrisches Gutachten des Arztes Johann Christian August Clarus über den Mörder Johann Christian Woyzeck – »Die Zurechnungsfähigkeit des Mörders Johann Christian Woyzeck, nach Grundsätzen der Staatsarzneikunde aktenmäßig erwiesen« –, das zunächst 1824 als Separat-Druck und dann 1825 in der »Zeitschrift für die Staatsarzneikunde« erschien, in der auch Büchners Vater wissenschaftliche Artikel veröffentlichte. Das Gutachten ist sehr lang und daher hier um die Passagen gekürzt worden, die für das Verständnis des Falls und für Büchners Umgang mit dieser Hauptquelle seines halb dokumentarischen Dramas weniger wichtig sind. Der vollständige Text findet sich im Internet, so beispielsweise als link auf dem »Georg Büchner│PORTAL«. Die hier vorgelegte gekürzte, mit Erläuterungen versehene Version erscheint wie die beiden Texte Büchners in aktualisierter Rechtschreibung, bei Wahrung der Zeichensetzung und des Lautstands.

Erläuterungen zu »Woyzeck«

S. 5 Freies Feld Die eher ungewöhnliche Szenenangabe »Freies Feld« verweist auf Büchners Vorbilder Shakespeare (vgl. »Macbeth« und »King Lear«) und Goethe (vgl. »Faust I«). Sie kommt auch in Büchners Erstlingsdrama »Dantons Tod« vor.

schneiden Stöcke In der zweiten Szene der Handschrift 2 (H 2) fragt Louise – aus der in den später verfassten Szenenfolgen Marie wird – Woyzeck: »Hast du Stecken geschnitten für den Major?« Beim Militär dienten Stöcke beispielsweise zur Herstellung von Schanzkörben, in denen Erde transportiert wurde und die bei der Errichtung von Laufgräben und anderen militärischen Stellungen und Befestigungswerken zum Einsatz kamen. Stöcke wurden aber natürlich auch als Prügelwerkzeug verwendet.

Streif ältere Form von ›Streifen‹. Dem Volksglauben zufolge blieben, »wo eine Hg. [Hinrichtung] stattgefunden hat oder eine Richtstelle, ein Galgen gewesen ist, auch dem Boden unauslöschliche Merkmale eingeprägt: es wächst kein Gras [...]« (Handwörterbuch des deutschen Aberglaubens [HWdA]. Hrsg. von Hanns Bächtold-Stäubli unter Mitwirkung von Eduard Hoffmann-Krayer. Neun Bände und ein Registerband. 1927–1942. 3. Auflage: Berlin und New York: Verlag Walter de Gruyter 2000. Band 4, Spalte 54).

da rollt abends der Kopf Angst- und Wahnvorstellung Woyzecks; undeutlich bleibt, ob er an Hinrichtungen denkt, bei denen ›Köpfe rollen‹, oder ob er meint, dass sich in der Dämmerung die Geister von Geköpften auf dem Richtplatz einfinden, um mit ihren abgeschlagenen Köpfen zu kegeln. Eine ähnliche Szenerie findet sich in den »Kinder- und Hausmärchen« (zwei Bände, 1812 und 1815) der Brüder Grimm (vgl. das »Märchen von einem, der auszog, das Fürchten zu lernen«).

Drei Tag und drei Nächt Biblische Wendung; die Dreizahl spielt aber auch im Aberglauben (und im Märchen) eine wichtige Rolle.

lag auf den Hobelspänen Bildhafter Ausdruck für: war gestorben. Seinerzeit war das »Sargkissen [...] meist mit Hobelspänen gefüllt« (HWdA, Band 7, Spalte 946).

die Freimaurer Die Freimaurer waren ein insbesondere in der zweiten Hälfte des 18. Jahrhunderts weit verbreiteter Geheimbund. Die meisten Freimaurer-Logen verfolgten aufklärerische Ideen und praktizierten Humanität und Toleranz. Aufgrund ihrer geheimnisvollen, oft magisch anmutenden Rituale standen sie gleichwohl im Verdacht, weitreichende Verschwörungen anzuzetteln und Unheil zu sähen, und wurden auch von der Obrigkeit vielerorts verfolgt.

Saßen dort ... den Rasen. leicht abgewandelte Verse aus der sechsten Strophe eines Volkslieds, das unter dem Titel »Welterfahrung« erstmals 1834 schriftlich bezeugt ist

Ein Feuer fährt um den Himmel Woyzecks Angstvisionen sind durch biblische Erzählungen vorgeprägt, vor allem durch Passagen aus der Offenbarung des Johannes (8, 5–7), aus dem 1. Buch Mose (19, 24) und aus dem Propheten Hesekiel (3, 12).

Still ... tot. Ganz ähnlich heißt es in Ludwig Tiecks frühem ›Trauerspiel in zwei Aufzügen‹ »Der Abschied« (1792) in der zweiten Szene des zweiten Akts: »und hernach alles so still, kein Laut in der ganzen Natur, – alles tot! tot, Louise« (Berlin: Verlag von Georg Reimer 1828).

S. 6 Zapfenstreich »das mit der Trommel oder dem Flügelhorn gegebene Abendsignal, nach welchem sich alle Soldaten in ihren Kasernen oder Quartieren [...] einfinden müssen« (Brockhaus Conversations-Lexikon. 9. Auflage. 1843–1848. Band 15, Seite 487). In Friedenszeiten ertönte das Signal um neun Uhr abends.

Tambourmajor Unteroffizier, der die Tambours (Trommler) bzw. den Spielmannszug eines Infanterie-Regiments befehligte. (Infanteristen sind Soldaten zu Fuß.) Er marschierte den Musikern voraus und dirigierte ihre Marschmusik mit seinem Tambourstock. Die weißen Handschuhe und der Federbusch auf dem Helm verliehen seiner Uniform etwas Festliches und Glanzvolles.

Sa ra ra ra! Marie ahmt hier vermutlich (ohne den Text zu kennen und zu verstehen) das bekannte französische Revolutionslied »Ça ira« nach, das mit der Aufforderung beginnt, die Aristokraten an den Laternen aufzuhängen: »Ah! ça ira, ça ira, ça ira, / Les aristocrates à la lanterne; / Ah! ça ira, ça ira, ça ira, / Les aristocrates on les pendra;«.

Soldaten, das sind schöne Bursch Der Vers stammt wohl von Büchner und ist möglicherweise eine Abwandlung des Anfangsverses »Soldaten das sein lustge Brüder« eines allerdings erst 1880 erstmals gedruckten Soldatenliedes.

deim unehrliche Gesicht Anspielung auf die uneheliche Geburt des Kindes; im gleichen Sinne findet sich die Wendung in Heinrich Heines (1797–1856) »Die Harzreise« (1826).

Sa! Sa! Die vom französischen »ça« abgeleitete Interjektion diente zu Büchners Zeiten als »Ausruf [...] des Antreibens« (Jacob und Wilhelm Grimm: Deutsches Wörterbuch [DWb]. Band 14, Spalte 1577).

Mädel, was fangst du jetzt an … nix dazu. in vielfältigen Variationen überlieferte Volksliedstrophe

S. 7 **Hansel spann … muss es sein.** Variation des Volkslieds »Des Fuhrmanns Lust«

steht nicht geschrieben … Rauch vom Ofen? vgl. die biblische Schilderung des Untergangs von Sodom und Gomorrha: »und siehe! da ging ein Rauch auf vom Lande, wie ein Rauch vom Ofen« (1. Mose 19, 28).

Sonst scheint doch als die Latern herein. Hinweis auf Maries Armut; ihr fehlt das Geld, um abends Licht in ihrer Kammer machen zu können.

S. 8 **schießt Pistol los** Wilhelm Schultheß konnte die Stelle auf eine zeitgenössische Annonce zurückführen: »Auch wird sich E i n H a s e produzieren, welcher trommelt, wie ein Tambour, auf das Kommandowort eine Pistole losschießt, und sich in einem Feuerwerk darstellt.« (Wilhelm Schultheß: Zürcherisches Kleinstadtleben. Streiflichter aus dem Jahre 1837 im Spiegel des Tagblatt der Stadt Zürich. Zürich 1937, S. 79)

rapräsentation Eindeutschung (und Verballhornung) des französischen ›représentation‹: ›Aufführung (eines Bühnenstücks)‹

S. 9 Kürassierregimentern Kürassiere sind »mit einem Kürasse versehene[] Soldaten zu Pferde, geharnischte Reiter« (Johann Christoph Adelung [1732–1806]: Grammatisch-kritisches Wörterbuch der Hochdeutschen Mundart. 1774–1786. 2. Auflage: 1793–1801). Ein Regiment ist ein großer Truppenverband.

S. 10 Viehsionomik Verballhornung des Begriffs »Physiognomik«, den der Brockhaus von 1830 (Band 8, Seite 517) als »die Kunst« definiert, »aus der äußern Erscheinung des Menschen, besonders aus dem Gesicht«, seine »Geistesbeschaffenheit zu erkennen«

du bist geschaffen … Dreck in Anlehnung an biblische Vorstellungen und Formulierungen, vgl. etwa 1. Mose 3,19: »Denn du bist Erde und sollst zur Erde werden«.

S. 11 er holt dich Gemeint ist der »Kinderschreck« des volkstümlichen Aberglaubens, »der das Kind ›holt‹ […], wenn es den Weisungen der Erwachsenen nicht folgt« (HWdA, Band 4, Spalte 1366 f.).

Mädel … Zigeunerland. Die Strophe entstammt einem in zahlreichen Varianten überlieferten Volkslied. Mit »Ladel« (Vers 1) sind die Fensterläden gemeint.

spiegelt sich … arm Weibsbild. Die hier geschilderte Situation ist höchstwahrscheinlich durch die Verführungshandlung am Anfang der ›Gretchentragödie‹ in Goethes »Faust I« (1808) angeregt; vgl. Gretchens Monolog in ihrer Kammer am Ende der Szene ›Abend‹: »Was ist das? Gott im Himmel! schau, / So was hab ich mein' Tage nicht gesehn! / Ein Schmuck! Mit dem könnt eine Edelfrau / Am höchsten Feiertage gehn. / […] / *Sie putzt sich damit auf und tritt vor den Spiegel.* / Wenn nur die Ohrring' meine wären! / Man sieht doch gleich ganz anders drein. / […] / Nach Golde drängt, / Am Gold hängt / Doch alles. Ach wir Armen!« (V. 2790–2804)

das Schlafengelchen … dass du blind wirst. Bei dem Schlafengelchen handelt es sich um einen weiteren Kinderschreck, der die Kinder »zur Bestrafung eines unerlaubten Anblicks« blendet (HWdA, Band 1, Spalte 1393).

S. 12 ein Mensch Der Ausdruck »ein Mensch« (oder im Plural: »Menscher«) diente lange Zeit zur Bezeichnung weiblicher Personen aus dem unteren Spektrum der Gesellschaft; in bestimmten Kontexten und in manchen Gegenden wurde die Bezeichnung auch als ein hartes Schimpfwort und/oder als Synonym für ›Hure‹ verwendet.

Alles Arbeit … im Schlaf. Der Satz macht exemplarisch deutlich, wie stark Woyzecks Denken von der Bibel geprägt ist; vgl. die beiden folgenden Stellen aus dem Alten Testament: »Im Schweiß deines Angesichts sollst du dein Brot essen« (1. Mose 3, 19); »Was hat der Mensch mehr von aller seiner Mühe, die er hat unter der Sonne?« (Prediger 1, 3) – Dieser Befund gilt allerdings nicht für Woyzeck allein, sondern für die armen Leute jener Zeiten im Allgemeinen, für die die Bibel oft das einzige Buch war, mit dem sie sich eingehend beschäftigten und das sie genau kennenlernten.

Wir arme Leut! vgl. Gretchens bereits zitierten Ausruf »Ach wir Armen!« (»Faust I«, V. 2804; vgl. S. 112 unten)

was von mein'm Hauptmann Gemeint sind vermutlich Zulagen bzw. kleinere finanzielle Zuwendungen, die Woyzeck für persönliche Dienste wie das Rasieren erhält.

Adies volkstümliche Variante des damals bereits veralteten ›Ade‹ und des vornehmeren ›Adieu‹

Hauptmann Mittlerer Offiziersrang, in der militärischen Hierarchie über dem Premierleutnant und unter dem Major stehend. Ein Hauptmann befehligte in Friedenszeiten meist eine Kompanie; er überwachte die Ausbildung der Soldaten und die allgemeine Zucht und Ordnung innerhalb der Truppe.

ein's nach dem andern bereits damals verbreitete Redewendung

Er Die ehemals höfliche und respektvolle Anredeform »Er« wurde im Lauf des 18. Jahrhunderts durch das modernere »Sie« abgelöst und diente anschließend zur Anrede ›einfacher Leute‹ durch höhergestellte Personen; so auch im Umgang von Offizieren mit ihren Soldaten.

S. 13 Der Herr sprach: … zu mir kommen. Der von Woyzeck zitierte Satz gehört zu den bekanntesten Stellen des Neuen Testaments und ist sowohl im Markus-Evangelium (10,14: »Jesus […] sprach zu ihnen: Lasset die Kindlein zu mir kommen, und wehret ihnen nicht; denn solcher ist das Reich Gottes«) als auch im Matthäus-Evangelium (19,14) und im Lukas-Evangelium (18,16) überliefert.

S. 14 Fleisch und Blut Die bildliche Wendung, die sich so auch bei Martin Luther findet, diente traditionell der Bezeichnung der sinnlichen Seite des Menschen, seiner Begierden und Lüste.

in der und der andern Welt vgl. Matthäus 12,32: »wer was redet wider den heiligen Geist, dem wird's nicht vergeben, weder in dieser noch in jener Welt.«

wenn wir in Himmel kämen, so müssten wir donnern helfen Diese einprägsame Formulierung ist wohl durch das 1785 entstandene Gedicht »Jost« des bereits in jungen Jahren erblindeten elsässischen Dichters Gottlieb Conrad Pfeffel (1736–1809) angeregt, mit dessen Werken Büchner während seiner Studienzeit in Straßburg bekannt geworden sein könnte: »Von seinem milden Landesvater / Durch Fronen abgezehrt, lag Jost / Auf faulem Moos. Ein frommer Pater / Gab in dem letzten Kampf ihm Trost: / Bald, sprach er, wird euch Gott entbinden / Vom Joch, das euch so hart gedrückt: / Die Ruhe, die euch nie beglückt, / Freund, werdet ihr im Himmel finden. / Ach, Herr! rief Jost so dumpf und hohl / Wie aus dem Grab, wer kann das wissen? Wir armen Bauern werden wohl / Im Himmel fronweis donnern müssen.« (G. C. Pfeffel: Poetische Versuche. Band 3, S. 34) Das Bild findet sich allerdings auch in einem anonymen Gedicht aus dem Jahre 1781 (»Aussichten in die Ewigkeit eines Taglöhners«) und war demnach vielleicht seinerzeit als Redewendung geläufig.

wenn ich ein Herr wär … tugendhaft sein Büchners Freund August Becker hat bezeugt, dass Georg Büchner diese Meinung teilte:

Es sei, so Büchner, keine Kunst, ein ehrlicher Mann zu sein, wenn man täglich Suppe, Gemüse und Fleisch zu essen habe.

en anglaise eine Anglaise; als ›Anglaise‹ bezeichnete man einen Gehrock – also eine jackettartige Jacke – aus schwarzem Tuchstoff und mit langen Schößen, die bei besonderen, festlichen Anlässen getragen wurde.

S. 15 Ich bin stolz vor allen Weibern. vgl. Judith 13,23 im Alten Testament: »Gesegnet bist du, Tochter, vom Herrn, dem höchsten Gott, vor allen Weibern auf Erden«.

Wenn ich am Sonntag ... der Prinz sagt immer: Die Stelle deutet darauf hin, dass der Tambourmajor nicht zur Garnison vor Ort, sondern zu einem von einem der Söhne des Fürsten kommandierten Garderegiment gehört, das in der Residenzstadt stationiert ist. Er wäre dann wohl nur vorübergehend in der Stadt und Marie hätte ihn am Abend zuvor zum ersten Mal gesehen.

S. 16 Keine Blase drauf? vgl. die südhessische Redensart »wer einen Ausschlag am Mund hat, ›der hodd 'ne falsche Kuss kriggd‹« (Südhessisches Wörterbuch [ShWb]. Begründet von Friedrich Maurer. Marburg 1965 bis 2010. Band 4, Seite 63).

im Fieber Im zeitgenössischen Sprachgebrauch kann die Wendung auch einen vorübergehenden Anfall von Wahnsinn bezeichnen.

Ein Mann von Wort. Variation des Sprichworts »Ein Mann, ein Wort«

Groschen Unter der Bezeichnung ›Groschen‹ wurden seit dem Mittelalter Münzen geprägt. Der in der ersten Hälfte des 19. Jahrhunderts im Umlauf befindliche kurhessische Silbergroschen entsprach dem preußischen Groschen. Es handelte sich um eine Münze von eher geringem Wert. 30 Groschen entsprachen einem Taler.

S. 17 dem Willen unterworfen ... Individualität zur Freiheit Büchner ironisiert in diesen Äußerungen des Doktors zum einen wissenschaftliche Positionen des Gießener Professors für vergleichende Anatomie, Physiologie und Naturgeschichte Johann Bernhard Wilbrand (1779–1846), der unter anderem die Auffassung vertrat, dass die Funktionen des Verdauungssystems mittelbar vom Geist, vom Kopf her gesteuert würden, und in dessen 1829 erschienenem »Handbuch der Naturgeschichte des Thierreichs« sich die These findet, der Mensch stehe an der Spitze des Tierreichs, »weil sich in ihm das geistige Leben zur Vernunft und zur geistigen Freiheit aufgeschlossen« habe; zum anderen bezieht sich Büchner hier, und zwar wiederum ironisch, auf die Grundüberzeugung der Philosophie des Idealismus wie auch der zeitgenössischen Gerichtspsychiatrie, wonach der Mensch ein zur Selbstbestimmung fähiges, in seinen Willensäußerungen grundsätzlich freies Wesen sei. Büchner war hingegen davon überzeugt, dass der Mensch sehr weitgehend durch die Zeitumstände und sein persönliches Umfeld determiniert, also in seinem Handeln keineswegs frei sei.

Erbsen Zu Woyzecks Erbsendiät vgl. die Szene »Der Hof des Professors« (dort S. 22, Z. 18, bis S. 23, Z. 3). Die Büchnerforschung hat eine ganze Reihe von Ernährungsexperimenten nachweisen können, die ehrgeizige und skrupellose Mediziner in den Jahren nach 1815, oft zum dauerhaften gesundheitlichen Schaden ihrer Probanden (Testpersonen), durchgeführt haben.

Revolution in der Wissenschaft Offenbar geht es dem Doktor um den Nachweis, dass sich durch eine bestimmte Diät die Zusammensetzung des Urins verändert und dass die einseitige Ernährung zudem Auswirkungen auf die geistige Gesundheit des Probanden hat.

Harnstoff, 0,10 Harnstoff ist neben Wasser der quantitativ wichtigste Bestandteil des Urins. Sein Anteil im Urin beträgt nach den Angaben der zeitgenössischen Fachliteratur 30,10 Promille. Büchners Mengenangabe 0,10 könnte auf einem Schreibfehler beruhen, aber auch als Hinweis auf die Wirkung der Erbsendiät gemeint sein.

salzsaures Ammonium Salz des Harns, das von den Medizinern zu Büchners Zeit – so etwa auch von Christoph Wilhelm Hufeland (1762–1836), dem Arzt Goethes und Schillers, Weimarer Hofarzt und späterer Leibarzt der preußischen Königsfamilie – auch als ›Chlor Ammonium‹ bezeichnet wurde.

Hyperoxydul Nebenform zu ›Superoxydul‹, einer in der zeitgenössischen Chemie geläufigen Bezeichnung für eine Sauerstoffverbindung

Affekt »hoher Grad einer Gemütsbewegung und dessen Ausbruch« (Adelung)

das Niesen zu beobachten Büchner zitiert in seiner Anfang 1836 entstandenen medizinischen Dissertation aus dem 1831 erschienenen Fachbuch »Der Kopftheil des vegetativen Nervensystems beim Menschen in anatomischer und physiologischer Hinsicht« des Heidelberger Mediziners Philipp Friedrich Arnold (1803–1890), der 1835 als Professor für Anatomie und Physiologie an die Universität Zürich berufen wurde (an der Büchner ab Oktober 1836 in den letzten Monaten seines Lebens als Privatdozent lehrte). Arnold gibt in seiner Schrift folgende Erklärung für das Phänomen des Niesens: »Auf gleiche Weise scheint helles Licht Niesen hervorzubringen, indem sich die Reizung der Blendungsnerven zu den mit ihnen verbundenen Nasennerven oder die des Sehnerven durch die Verbindung mit dem Nasenknoten auf dem obigen Wege zu dem nervus phrenicus fortpflanzt.«

Der deutsche Anatom und Physiologe
Philipp Friedrich Arnold (1803–1890)

proteus Gemeint ist hier vermutlich nicht der Schwanzlurch gleichen Namens, sondern die Bakterien-Gattung.

Wenn die Sonn ... zu mir gered't! Woyzeck orientiert sich in seiner Beschreibung unwillkürlich an der Offenbarung des Johannes im Neuen Testament (vgl. dort 16,1 und 16,8).

in Mittag ›Im Mittag‹ ist in der Sprache der Bibel, aber auch noch im allgemeinen Sprachgebrauch des frühen 19. Jahrhunderts eine gängige Umschreibung für: ›Im Süden‹.

S. 18 in was für Figuren ... Wer das lesen könnt. Manche Pilzarten wachsen in kreisförmigen Ansammlungen, die sich im Laufe der Zeit ausdehnen und geometrische Figuren, sogenannte Hexenringe, bilden können.

aberratio, mentalis partialis (lat.) ›teilweise geistige Abirrung‹. Innerhalb der zeitgenössischen Psychiatrie war diese Bezeichnung kein geläufiger Fachbegriff.

so schwermütig ... was Schwärmerisches Schwermut und exaltiert übertriebene Empfindsamkeit (Schwärmerei) wurden als potenziell krankhafte Gemütszustände betrachtet.

S. 19 aufgedunsen, fett, dicker Hals, apoplektische Konstitution Die genannten Merkmale galten als Anzeichen für eine schlaganfallgefährdete körperliche Verfassung (apoplektische Konstitution).

Zitronen in den Händen Zitronen wurden bei Begräbnissen als Schutzmittel gegen den Verwesungsgeruch eingesetzt.

Exerzierzagel Einen Zagel bezeichnet Adelung als »ein provinzielles, im Hochdeutschen unbekanntes Wort«, das zumeist Schwanz bedeute: »Der Zagel eines Hundes, dessen Schwanz. [...] Ein Haarzagel, Haarzopf.« Ein Zagel könne aber auch ein »geflochtene[r] Strick zum Prügeln« sein. Das Wort ›Exerzierzagel‹ könnte demnach als spöttische Bezeichnung für einen Ausbildungsoffizier dienen, der beim Exerzieren, beim militärischen Training in geschlossener Marschformation, prügelnd für Ordnung sorgt.

Kosaken ... die langen Bärte Die Kosaken waren ein Volksstamm im Südosten des russischen Zarenreichs, deren Männer als Reiter und

Krieger gefürchtet waren. Im Zuge der Befreiungskriege gegen die napoleonische Herrschaft (1813–1815) gelangten Kosaken mit dem russischen Heer bis nach Mitteleuropa und Hessen-Darmstadt, wo sie mit ihrer wilden, freiheitsliebenden Art einen bleibenden Eindruck hinterließen. Auffällig waren ihre großen Bärte.

schon Plinius spricht davon Der Doktor verwechselt wohl den römischen Historiker Plinius (24–79 n. Chr.) und den griechischen Geschichtsschreiber Plutarch (45–125 n. Chr.). Dieser berichtet, Alexander der Große habe seinen Soldaten das Tragen von Bärten untersagt, da sich die Gegner im Nahkampf an ihnen festhalten könnten.

S. 20 Sapeur Als Sapeurs wurden Pioniere bezeichnet, meist besonders große und starke Soldaten, die für die anderen Truppenteile Laufgräben aushoben, Befestigungsanlagen oder Brücken bauten.

den Puls, klein, hart hüpfend, ungleich Mit diesen Adjektiven wurde in der damaligen Medizin ein abnormer Pulsschlag bezeichnet.

S. 21 Hundsfott »ein sehr niedriges Schimpfwort eines nichtswürdigen, besonders eines feigen Menschen, welches für die höchste wörtliche Beschimpfung gehalten wird« (Adelung)

Der Hof des Professors Damals war es üblich, dass Professoren ihre Vorlesungen in ihren Privatwohnungen abhielten oder zu diesem Zweck Räumlichkeiten im gleichen Haus nutzten.

wie David, als er die Bathseba sah vgl. im Alten Testament 2. Samuel 11,2: »Und es begab sich, dass David um den Abend aufstand von seinem Lager, und ging auf dem Dache des Königes Hauses, und sahe vom Dache ein Weib sich waschen; und das Weib war sehr schöner Gestalt.«

culs de Paris (frz.) »Kissen oder Polster«, »welche die Frauenzimmer unter den Röcken« trugen (Johann Heinrich Campe [1747 bis 1818]: Wörterbuch der deutschen Sprache. 6 Bände. Braunschweig 1807–1813. Band 6, S. 240)

S. 23 Frau Wirtin … auf die Solda - aten. Variante der vierten Strophe des Volksliedes »Das Wirtshaus an der Lahn«, die im »Deutschen Liederhort« (1893) folgendermaßen lautet: »Die Wirtin hat auch eine Magd, / Die sitzt im Garten und pflückt Salat; / Sie kann es kaum erwarten, / Bis dass das Glöcklein zwölfe schlägt, / Da kommen die Soldaten.«

S. 24 Ich hab ein Hemdlein an ... Näheres zu diesem Lied hat die Büchnerforschung nicht ermitteln können.

Ein Jäger aus der Pfalz ... mei Freud. populäres Volkslied, das in Hessen-Darmstadt in vielen Varianten mündlich überliefert ist und im »Deutschen Liederhort« von 1893 folgenden Wortlaut hat: »Ein Jäger aus Kurpfalz, / der reitet durch den grünen Wald, / er schießt sein Wild daher / gleich wie es ihm gefällt. / Ju ja, ju ja! gar lustig ist die Jägerei / allhier auf grüner Heid, allhier auf grüner Heid.«

S. 25 Mann und Weib, Mensch und Vieh biblischer Sprachgebrauch

Jedoch wenn ein Wandrer ... meine geliebten Zuhörer Der Handwerksbursche greift in seiner Rede zahlreiche biblische Wendungen auf, vgl. aus dem Alten Testament 5. Mose 18,20 und Jesus Sirach 18,7, aus dem Neuen Testament Lukas 4,24, Matthäus 6,34 und 5,37, wiederum aus dem Alten Testament Psalm 133,1 und Prediger 1,2 und nochmals aus dem Neuen Testament 2. Korinther 13,11.

übers Kreuz pissen, damit ein Jud stirbt seinerzeit weit verbreitete antisemitische Redensart: »Schlagen zwei übers Kreuz Wasser ab, [...], stirbt ein Jude« (HWdA, Band 4, Spalte 831).

S. 26 in einem Bett Bis in die Vierzigerjahre des 19. Jahrhunderts hinein schliefen die einfachen Soldaten in den Kasernen des Großherzogtums Hessen zu zweit in einem Bett.

ich kann nit schlafen Die zeitgenössische Psychiatrie wertete Schlaflosigkeit, Schwindel und Kopfschmerz als mögliche Vorboten einer Geisteskrankheit.

Du musst Schnaps Trinken und Pulver drein, das schneid't das Fieber. Zu Büchners Zeit wurden manche mit Fieberschüben verbundene Krankheiten sowie chronische Nervenerkrankungen mit in Alkohol aufgelöstem Chininpulver behandelt.

S. 27 Der Jude Sowohl aus seiner Heimatstadt Darmstadt als auch aus Gießen, wo er einen Teil seines Medizinstudiums absolvierte, war Büchner mit der Sphäre der jüdischen Kleinhändler vertraut.

Nu Die Partikel dient wohl dem Zweck, den Kleinhändler auch von seinem Sprachgebrauch her als Juden zu kennzeichnen.

S. 28 Der Narr Für die Figur des Narren Karl gab es vermutlich ein reales Vorbild. Es handelte sich um den Hausdiener des Straßburger Studienstifts Collegium Wilhelmitanum, in dem Büchner während seiner Studienzeit in Straßburg zusammen mit seinem Freund Alexis Muston (vgl. S. 2) wohnte. Dieser schrieb über jenen Karl: »Le factotum [...] est un pauvre homme / nommé Karl, [...] an peu idot« (»Der Hausdiener [...] ist ein armer Mensch namens Karl, [...], der ein bisschen zurückgeblieben ist«).

Und ist kein Betrug in seinem Munde erfunden. Marie liest im ersten Brief des Petrus: »Denn dazu seid ihr berufen; sintemal auch Christus gelitten hat für uns, und uns ein Vorbild gelassen, dass ihr sollt nachfolgen seinen Fußstapfen. Welcher keine Sünde getan hat, ist auch kein Betrug in seinem Munde erfunden.« (2, 21 f.)

aber die Pharisäer ... hinfort nicht mehr Marie liest im Johannes-Evangelium: »Aber die Schriftgelehrten und Pharisäer brachten ein Weib zu ihm [...]. Und sprachen zu ihm: Meister, dies Weib ist begriffen auf frischer Tat im Ehebruch. Moses aber hat uns im Gesetz geboten, solche zu steinigen; was sagest du? [...] Aber Jesus [...] sprach zu ihnen: Wer unter euch ohne Sünde ist, der werfe den ersten Stein auf sie. [...] Da sie aber das höreten, gingen sie hinaus [...]. Jesus aber sprach: So verdamme ich dich auch nicht. Gehe hin, und sündige fort nicht mehr.« (8, 3–11)

Stich ins Herz eine seit dem 16. Jahrhundert nachweisbare Metapher für seelischen Schmerz

Morgen hol' ich ... ihr Kind. Zitat aus dem Märchen »Rumpelstilzchen«: »heute back ich, morgen brau ich, / übermorgen hol ich der Königin ihr Kind, / ach wie gut ist, dass niemand weiß, / dass ich Rumpelstilzchen heiß!« (»Kinder- und Hausmärchen«)

Blutwurst sagt: Komm Leberwurst. In dem weniger bekannten Märchen »Die wunderliche Gasterei« der Grimm'schen »Kinder- und Hausmärchen« bedroht die mörderische Blutwurst die harmlose Leberwurst mit einem »langen, langen Messer, das blinkte, als wär's frisch gewetzt«.

S. 29 Und trat hinein … mit Salben. Marie liest im Lukas-Evangelium: »Und siehe, ein Weib war in der Stadt, die war eine Sünderin. Da die vernahm, dass er [Jesus] zu Tische saß in des Pharisäers Hause, brachte sie ein Glas mit Salben. Und trat hinten zu seinen Füßen, und weinete, und fing an, seine Füße zu netzen mit Tränen, und mit den Haaren ihres Hauptes zu trocknen, und küssete seine Füße, und salbete sie mit Salben. Da aber das der Pharisäer sahe, der ihn geladen hatte: sprach er bei sich selbst, und sagte: Wenn dieser ein Prophet wäre, so wüsste er, wer und welch ein Weib das ist, die ihn anrühret; denn sie ist eine Sünderin.« Jesus weist ihn zurecht und erklärt: »Ihr sind viele Sünden vergeben, denn sie hat viel geliebet; welchem aber wenig vergeben wird, der liebet wenig.« Zu der Frau sagt er: »Dein Glaube hat dir geholfen: gehe hin mit Frieden.« (7, 37–50)

Das Kamisolchen … ist nit zur Montur Ein Kamisol ist »ein kurzes Unterkleid unter dem Oberrocke des männlichen Geschlechtes, welches am gewöhnlichsten eine Weste genannt wird« (Adelung). Im Darmstädter Raum wurde unter einem »Kamisolchen« eine »kurze, eng anliegende Männerjacke« verstanden (ShWb, Band 3, S. 1072). Mit ›Montur‹ ist die Uniform und im weiteren Sinne die militärische Ausrüstung gemeint. Uniform und Waffen eines verstorbenen Soldaten verblieben im Großherzogtum Hessen im Besitz der Armee, sofern die Hinterbliebenen sie nicht käuflich erwarben.

Leiden … Gottesdienst. Variante von Versen der dritten Strophe eines pietistischen Kirchenliedes von Christian Friedrich Richter (1676–1711), der in Halle als evangelischer Pfarrer und Arzt an den um 1700 von seinem Freund August Hermann Francke ins Leben gerufenen Franckeschen Stiftungen (Armenschule, Pädagogium für Kinder des Adels und gehobenen Bürgertums, Waisenhaus) wirkte. Die dritte Strophe des Liedes, das später auch unter dem Titel »Eines Kranken« bekannt war, lautet: »Leiden ist jetzt mein Geschäfte, / anders kann ich jetzt nichts tun, / als nur in dem Leiden ruhn; / leiden müssen meine Kräfte, / Leiden ist jetzt mein Gewinst, / das ist jetzt des Vaters Wille; / den verehr ich sanft und stille; / Leiden ist mein Gottesdienst.« – Büchner verwendet das Lied auch in seiner Erzählung »Lenz«. Als Lenz bei Pfarrer Oberlin im elsässischen Waldbach (Waldersbach) an einem Sonntag in der Kirche die Predigt hält, singt die Gemeinde anschließend: »Lass in mir die heil'gen Schmerzen, / Tiefe Bronnen ganz aufbrechen; / Leiden sei all' mein Gewinst, / Leiden sei mein Gottesdienst.«

Friedrich Johann Franz Die Vornamen des historischen Woyzeck (1780–1824) lauteten Johann Christian.

geschworner Füsilier Wie alle Soldaten hat Woyzeck beim Eintritt in die Armee einen Fahneneid geschworen. Ein Füsilier (lat.-vulgär-lat.–frz.) ist ein mit einem leichten Gewehr bewaffneter Infanterist (Fußsoldat).

2. Regiment, 2. Bataillon, 4. Compagnie Eine Compagnie (oder Kompanie) bestand aus 100 bis 200 Mann und wurde von einem Hauptmann befehligt. Mehrere Compagnien bildeten ein Bataillon, das unter dem Befehl eines Majors stand, mehrere Bataillone ein Regiment, an dessen Spitze ein Oberst stand. Im Großherzogtum Hessen gab es vier Infanterieregimenter mit jeweils zwei Bataillonen. Das zweite, in Darmstadt stationierte Regiment hieß bis 1820 »Gardefüsilier-Regiment«.

Mariä Verkündigung »Mariä Verkündigung« wird am 25. März gefeiert. Woyzecks Geburts- und genaue Altersangabe (vgl. Z. 29f.) bezieht sich auf das katholische Fest »Mariä Empfängnis« am 8. Dezember.

30 Jahre Der historische Woyzeck beging den Mord an Johanna Christiane Woost am 21. Juni 1821 im Alter von 41 Jahren.

S. 30 Wie scheint die Sonn … rote S+k St. Lichtmess ist ein »zum Ge-dächtnis der Darbringung Christi im Tempel und der Reinigung Mariens […] eingesetztes Kirchenfest, welches auf den 2. Februar fällt« (Brockhaus 1830, Band 6, Seite 584). Aus dem Sonnenschein am Lichtmesstag wurden Wetter- und Ernteprognosen abgeleitet. (»Fällt auf Lichtmess Sonnenschein, wird der Flachs sehr lang und fein«. Karl Friedrich Wilhelm Wander [1803–1879]: Deutsches Sprichwörter-Lexikon. 5 Bände. Leipzig 1867. Band 3, Seite 120)

Warum? … Aber warum darum? Teil eines Kinderreims, der in der von Clemens Brentano (1778–1842) und Achim von Arnim (1781 bis 1831) herausgegebenen Liedersammlung »Des Knaben Wun-derhorn« (1805–1808) unter dem Titel »Wenn das Kind allzu wiss-begierig ist« überliefert ist: »Warum? / Darum. / Warum denn da-rum? / Um die Krumm. / Warum denn um die Krumm? / Weil's nicht grad ist!«

Ringle, ringel Rosenkranz erste Zeile eines seinerzeit verbreiteten, in verschiedenen Varianten überlieferten Ringelreihens. Eine aus Darmstadt überlieferte Variante lautete: »Ringel, Ringel, Rosen-kranz! / kleine Wasch, große Wasch, / Schöppe Wein, Bretzelche drein. / Kikerikiki?«

König Herodes jüdischer König in der Bibel, der bei der Geburt Jesu aus Angst vor dem Messias den Befehl gibt, »alle Kinder in Betle-hem [zu] töten« (Mätthäus 2,16); die Büchnerforschung vermutet, dass es sich hier um eine Schreckgestalt im Zusammenhang mit dem Ringelreihen handeln könne, bei deren Nennung sich alle Kinder duckten.

Es war einmal ein arm Kind … ist ganz allein Das Märchen stammt von Büchner. Er verwendet darin aber zahlreiche Motive aus den »Kinder- und Hausmärchen« der Brüder Grimm. Besonders eng (bis hin zu wörtlichen Übernahmen) sind die Parallelen zum Märchen »Die drei Raben«, in dem ein Mädchen sich auf der Suche nach sei-nen Brüdern bis zur Sonne, zum Mond und zu den Sternen wagt. Die Gestirne enttäuschen die Hoffnungen des Mädchens jedoch auf grausame Weise. Anderes hat Büchner aus dem »Sterntaler« und aus »Das singende, springende Löweneckerchen« übernommen.

und wie's endlich zum Mond kam, war's ein Stück faul Holz Bei dieser desillusionierenden Beobachtung handelt es sich nicht einfach um eine poetische Metapher, sondern auch um ein naturwissenschaftliches Phänomen, das im »Rheinische[n] Conversations-Lexicon oder encyclopädisches Handwörterbuch für gebildete Stände« (12 Bände, Köln 1837–1845) so erläutert wird: An faulem Holz könne man »Phosphorescenz«, das heißt »die Eigenschaft« von Körpern beobachten, »im Dunkeln einen Lichtschein von sich zu geben«.

S. 31 Neuntöter Der Neuntöter ist eine mitteleuropäische Vogelart. Einer von Büchners Lehrern am renommierten Großherzoglichen Gymnasium in Darmstadt, Ernst Theodor Pistor, hat 1830 ein »Lehrbuch der Naturwissenschaft für die Jugend« veröffentlicht, in dem es heißt: »Der Neuntödter oder Dorndreher [...] spießt die gefangenen Käfer und Fliegen an die Dornen der Schlehenbäume auf, um sowohl sich und seine Jungen damit zu ernähren, als auch kleine Vögel dadurch herbeizulocken, die er dann fängt.«

Schlehen auch Schlehendorn, Heckendorn oder Schwarzdorn; Pflanze aus der Familie der Rosengewächse; das Wort Schlehe kann sowohl den Strauch selbst als auch seine beerenartige Frucht bezeichnen.

S. 32 Was der Mond rot aufgeht. Das Motiv des roten bzw. blutigen Mondes findet sich auch bei Goethe und Ludwig Tieck (1773–1853) und geht vermutlich auf die Bibel zurück: »und die Sonne ward schwarz wie ein härener Sack, und der Mond ward wie Blut« (Offenbarung des Johannes 6,12); »Die Sonne soll sich verkehren in Finsternis, und der Mond in Blut, ehe denn der große und offenbarliche Tag des Herrn kommt« (Apostelgeschichte 2,20).

S. 33 Ins Schwabeland ... Dienstmagd zu. letzte Strophe eines in Oberhessen verbreiteten Volksliedes; die beiden Verse in den Zeilen 26 f. gehen auf die vierte Strophe des Liedes zurück.

man kann auch ohne Schuh in die Höll gehn vgl. die südhessische Redewendung »Du kimmschd medd Schuh unn Strimp in die Hell!« (ShWb, Band 5, S. 793)

S. 34 Und da hat der Riese gesagt: … ich riech Menschenfleisch. In dem bereits erwähnten Grimm'schen Märchen »Die drei Raben« sagt der Mond: »ich rieche, rieche Menschenfleisch«.

Der stinkt schon. Vgl. im Johannes-Evangelium die Worte Martas, der Schwester des verstorbenen Lazarus, die über ihren toten Bruder zu Jesus sagt: »Herr, er stinkt schon; denn er liegt seit vier Tagen.« (11,39)

Links über die Lochschneis in die Wäldchen, am roten Kreuz. Im heutigen Darmstadter Stadtwald, etwa dreieinhalb Kilometer von der seinerzeitigen Stadtgrenze entfernt, stand zu Büchners Zeit etwas abseits von einem Fußweg ein rotes Holzkreuz. Heute befindet sich an der gleichen Stelle ein Kreuz aus Sandstein. Auch die Nennung der »Lochschneis« deutet darauf hin, dass Büchner sein Stück bewusst mit lokalen Bezügen zu seiner Heimatstadt Darmstadt ausgestattet hat. Die Lochschneise, ein gerader Waldweg, verläuft jedoch etwa drei Kilometer entfernt von dem roten Kreuz. Als Vorbild des Teichs (vgl. [Szene 25]) diente wohl ›der große Woog‹. Büchner übernimmt diese ihm aus seiner Jugend vertrauten Lokalitäten, rückt sie aber näher aneinander.

S. 36 Barbier Der Barbier ist hier offenbar, etwas verwunderlich, Mitglied der Kommission, die das Verbrechen untersucht.

Erläuterungen zum »Hessischen Landboten«

S. 41 Der Hessische Landbote Der Titel stammt von Friedrich Ludwig Weidig (vgl. S. 153), der Georg Büchners Flugschrift vor der Drucklegung redigierte (für die Veröffentlichung bearbeitete) und so in gewisser Hinsicht zum Mitautor der Schrift wude. Der Titel macht deutlich, an wen sich die Flugschrift richtet: an die hessische Landbevölkerung, an die Bauern.

Erste Botschaft Der Titelzusatz klingt, sicherlich mit Absicht, an die »frohe Botschaft« des Neuen Testaments an und stellt überdies klar, dass weitere Botschaften folgen sollen.

Darmstadt, im Juli 1834 Die fingierte Ortsangabe Darmstadt sollte wohl signalisieren, dass die Flugschrift aus der Mitte des fürstlichen Machtbereichs heraus zu den Adressaten sprach. Darmstadt war die fürstliche Residenz des Großherzogtums Hessen. Hier saß die Regierung, hier saßen die Angehörigen der Obrigkeit, gegen die sich die Flugschrift richtet.

Vorbericht Der Vorbericht stammt von Weidig. Er stieß bei den Mitverschworenen auf Kritik, weil er gleichsam das Eingeständnis des hochverräterischen Charakters der Schrift enthielt. In der veränderten November-Auflage fehlt dieser Vorbericht, Weidig hatte ihn gestrichen.

Friede den Hütten! Krieg den Palästen! Übersetzung des während der Französischen Revolution weit verbreiteten und vom Revolutionsheer als Schlachtruf verwendeten Wahlspruchs »Guerre aux châteaux! Paix aux chaumières!«, der dem französischen Schriftsteller Nicolas Chamfort (1741–1794) zugeschrieben wird. Der Kampfruf fand sich auch in dem Sammelwerk »Unsere Zeit, oder geschichtliche Uebersicht der merkwürdigsten Ereignisse von 1879–1830« (Stuttgart, 1826–1830, Band 1, S. 357), das Büchner genau studiert hatte und das ihm auch als eine Hauptquelle für sein Drama »Dantons Tod« (1835) diente.

als hätte ... Gewürm gezählt vgl. 1. Mose 1,20–28. Die Flugschrift operiert mit einer Fülle von Bibelzitaten, die von der Büchnerforschung im Einzelnen nachgewiesen worden sind. Die Bibel war in der meist noch fest im christlichen Glauben verankerten Landbevölkerung oft das einzige Buch, das im Haushalt existierte und das, wenn überhaupt gelesen wurde, regelmäßig zur Hand genommen wurde. Die Bibelkenntnis der Menschen seinerzeit war hoch, sodass Anklänge an Bibelstellen – anders, als das bei heutigen Lesern der Fall ist – erkannt wurden und geeignet waren, der Argumentation Wucht und Autorität zu verleihen. Büchner nutzte diesen Umstand ausgiebig. Hinzu kommt, dass Weidig in Gießen Theologie studiert und auch kurzzeitig als Pfarrer gewirkt hatte, bevor er Lehrer an der Butzbacher Knabenschule wurde.

Vornehmen August Becker (vgl. S. 153) zufolge hat Weidig überall dort, wo Büchner von »den Reichen« gesprochen hatte, den Ausdruck durch »die Vornehmen« (gemeint war: die Adligen) ersetzt. Dies geschah in der Absicht, die wohlhabenden Bürgerlichen nicht zu brüskieren, in denen Weidig potenzielle Bündnisgenossen sah, während Büchner sich von ihnen nichts erhoffte und grundsätzlich gegen die Ungleichverteilung des Wohlstands kämpfte, wobei er keinen Unterschied zwischen reichen Bürgerlichen und reichen Adligen machte.

S. 42 er nimmt das Korn vgl. Amos 5,11: »Darum, weil ihr die Armen unterdrückt und nehmt das Korn mit großen Lasten von ihnen [...].« ›Nehmen‹ ist hier noch in seiner älteren Bedeutung gebraucht: ›gewaltsam nehmen, rauben‹.

Fremde ... Augen vgl. Jesaja 1,7: »Euer Land ist verwüstet, eure Städte sind mit Feuer verbrannt; Fremde verzehren eure Äcker vor euren Augen; alles ist verwüstet wie beim Untergang Sodoms.«

718,373 Einwohner Georg Büchner entnahm das statistische Material seiner Argumentation der 1831 von Georg Wilhelm Justin Wagner veröffentlichten »Allgemeinen Statistik des Großherzogthums Hessen«. Nicht alle Angaben Büchners sind korrekt, wie die Büchnerforschung festgestellt hat. Sie sind aber wohl nicht bewusst verfälscht, sondern es handelt sich bei den unkorrekten Angaben vermutlich um Nachlässigkeiten und/oder Rechenfehler. Die Angabe zur Einwohnerzahl stimmt.

Gulden »eine Silbermünze, welche nach dem Conventions-Fuße im Deutschen Reiche 16 gute Groschen, oder im Reiche 60 Kreuzer gilt. Indessen gibt es so wohl in Deutschland als außer demselben Gulden von sehr verschiedenem Werthe [...]. Die Gulden waren anfänglich eine Goldmünze, welche zuerst zu Florenz geschlagen wurden, und eine Lilie zum Gepräge hatten, daher sie im mittlern Lateine Floreni, Floren, hießen, und ungefähr so viel wie ein Ducaten galten. [...] Nachmals prägte man kleinere Münzen aus Golde, welche kleine Gulden hießen, und den dritten und vierten Theil eines großen galten. Endlich fing man an, diese kleinen Gulden aus Silber zu prägen, wobey sie denn immer ihren alten Nahmen behielten, den sie auch noch jetzt führen. Die goldenen großen Gulden wurden alsdann Goldgulden oder Goldgülden genannt, zum Unterschiede von den silbernen Gulden.« (Johann Christoph Adelung [1732–1806]: Grammatisch-kritisches Wörterbuch der Hochdeutschen Mundart. 1774–1786, 2. Auflage 1793–1801)

der Blutzehnte Art der Abgabe an den Grundherrn bzw. die Obrigkeit: »der Zehnte von dem Viehe; der Fleischzehnte, Blutzehnte, lebendiger Zehnte, zum Unterschiede von dem Grundzehnten«, also der Abgabe auf Grund und Boden (Adelung).

S. 43 aus dem Wohl Aller Möglicherweise handelt es sich hier um einen Druckfehler; plausibler wäre: »aus dem Willen Aller« (vgl. auch S. 49, Z. 12). Die Flugschrift enthielt zahlreiche Druckfehler, was angesichts der konspirativen Umstände ihrer Herstellung nicht sehr verwunderlich ist. Die offenkundigen Fehler des Setzers sind in dieser Ausgabe, wie in den meisten Leseausgaben der Flugschrift, stillschweigend berichtigt.

Ihre Anzahl ist Legion vgl. Markus 5,9: »Und er fragte ihn: Wie heißt du? Und er sprach: Legion heiße ich; denn wir sind viele.«

Staatsräte »Rat«: »[...] 2) In engerer Bedeutung, ein Collegium solcher Personen, welche dazu verordnet sind, öffentliche Angelegenheiten zu überlegen und zu entscheiden. Ehedem wurde es von allen Collegiis dieser Art gebraucht, wovon unter andern auch in der Deutschen Bibel häufige Beyspiele vorkommen. Jetzt, da dergleichen Collegia sehr vervielfältiget worden, haben sie theils eigene Nahmen bekommen, theils ist der allgemeine Nahme Rath durch allerley Beysätze näher bestimmet worden. [...] Der Staatsrath, Kriegsrath, Kirchenrath, Gesundheits- oder Sanitäts-Rath u. s. f. [...]« (Adelung).

Das Volk ... Schinder vgl. Hesekiel 34, 1–16 (»Die schlechten Hirten«)

sie haben die Häute der Bauern an Das Bild stammt aus Jean Pauls (1763–1825) Roman »Hesperus oder 45 Hundposttage. Eine Biographie« (1795). Im ›40. Hundposttag‹ heißt es dort: »und die Herren vom Hofe haben eure [des Volkes] Häute an«. Jean Pauls Bild wiederum lässt sich auf eine Stelle beim Propheten Micha zurückführen: »Aber ihr hasset das Gute und liebet das Arge; ihr schindet ihnen die Haut ab und das Fleisch von ihren Knochen / und fresset das Fleisch meines Volks. Und wenn ihr ihnen die Haut abgezogen habt, zerbrecht ihr ihnen auch die Knochen; [...].« (Micha 3, 2 f.)

der Raub ... Hause vgl. Jesaja 3, 14: »Der HERR geht ins Gericht mit den Ältesten seines Volks und mit seinen Fürsten: Ihr habt den Weinberg abgeweidet, und was ihr den Armen geraubt, ist in eurem Hause.«

Menschen- und Bürgerrechte Das Nachdenken über Menschen- und Bürgerrechte hat eine lange Tradition. Entscheidend für die verfassungsrechtliche Verankerung und praktische Umsetzung dieser Ideen werden dann im letzten Drittel des 18. Jahrhunderts die Gründung der Vereinigten Staaten von Amerika und die Französische Revolution. Am 11. Juli 1789 brachte der damalige Befehlshaber der französischen Nationalgarde, der Marquis de La Fayette (1757–1834), der als Freiwilliger im Amerikanischen Unabhängigkeitskrieg mitgekämpft hatte, in der Nationalversammlung den Entwurf einer Erklärung der Menschen- und Bürgerrechte ein, den er zusammen mit Thomas Jefferson (1743–1826) erarbeitet hatte, einem der Verfasser der amerikanischen Unabhängigkeitserklärung, der damals amerikanischer Botschafter in Paris und ab 1801 der dritte Präsident der Vereinigten Staaten war.

S. 44 das Stempelpapier Gemeint sind Wertmarken für die sogenannten Stempelsteuern (verschiedene Abgaben, die mithilfe von Stempelmarken eingezogen wurden), die dem Staat viel Geld einbrachten und daher im Volk besonders verhasst waren.

die Sporteln »diejenigen Gebühren, welche die Gerichtspersonen von den klagenden Parteyen für ihre Bemühung mancherley Art erhalten [...]. Es ist aus dem Latein. Sportula entlehnt, welches eigentlich einen kleinen Korb, hernach aber auch Erfrischungen und Speisewaaren bedeutete, welche andern in solchen Körben zugeschickt wurden, worin denn auch wohl die älteste Art der gerichtlichen Gebühren bestand.« (Adelung)

Schreiber Abschreiber, Kopist, Schreiber nach Diktat. »[...] In noch engerer Bedeutung werden in den Collegiis oder obrigkeitlichen Ämtern alle diejenigen Schreiber genannt, welche mit der Feder dienen und keine Räthe sind. Daher hat man Amtsschreiber, Gerichtsschreiber, Postschreiber, Stadtschreiber, Landschreiber, Steuerschreiber, Forstschreiber, Kammerschreiber, Rentschreiber, Schiffschreiber, Bergschreiber u. s. f. [...]« (Adelung).

Gerichtsdiener »ein Bedienter, welcher dem Gerichte aufzuwarten verpflichtet ist, und wenn er zugleich zu Verschickungen gebraucht wird, auch Gerichtsbothe heißt; im Oberdeutschen Gerichtsweibel« (Adelung).

Fettwänste vgl. Hiob 15,27: »Er [der Gottlose] brüstet sich wie ein fetter Wanst und macht sich feist und dick.« Vgl. auch Psalm 73,7.

Die Ketten ... schleppte Gemeint sind die Bauern aus der Region Vogelsberg, die am oberhessischen Bauernaufstand vom Herbst 1830 teilgenommen hatten und nach ihrer Festnahme in der Landesstrafanstalt Marienschloss gefangen gehalten wurden, welche in der Nähe des oberhessischen Dorfs Rockenberg (bei Friedberg) lag.

S. 45 Und will ... geschunden. Die Büchnerforscher und -herausgeber Fritz Bergemann und Thomas Michael Mayer sind der Auffassung, dass dieser Abschnitt von Weidig stammt.

ihr Bauch vgl. etwa Römer 16, 18: »Denn solche dienen nicht unserm Herrn Jesus, sondern ihrem Bauch; [...]«. Vgl. auch Phil. 3, 19.

der Mamon der Mammon; »ein griechisches, durch Luthers Übersetzung des neuen Testamentes in der theologischen Sprechart üblich gewordenes Wort« (Adelung), das ungerechten Reichtum bezeichnet und brandmarkt; vgl. Matthäus 6, 24 und Lukas 16, 9.

sie legen ... Lenden und Schultern Der Ausdruck ›Hand an jemanden legen‹ und die Zusammenstellung ›Lenden und Schultern‹ sind biblischer Sprachgebrauch; vgl. Psalm 55, 21 und Lukas 21, 12 sowie Richter 15, 8 und Hesekiel 24, 4.

jeden Herbst einmal blind schießen Anspielung auf die jeweils im September stattfindenden Herbstmanöver der hessen-darmstädtischen Armee

Södel Während der oberhessischen Bauernunruhen hatte es am 30. September 1830 im Dorf Södel Tote und Verwundete gegeben, als Regierungssoldaten in die Menge schossen, weil sie unbeteiligte Dorfbewohner für Aufständische hielten.

S. 46 ja hier als Versicherungspartikel gebraucht, wie sie in Bedingungssätzen vorkommt, um die geringe Wahrscheinlichkeit der Annahme anzudeuten

nur eine Drahtpuppe ... zusammen Wolfgang Wittkowski hat auf Werthers Brief vom 8. Januar 1772 als mögliche Anregung für diese Stelle hingewiesen: »Wie mancher König wird durch seinen Minister, wie mancher Minister durch seinen Sekretär regiert!« (Johann Wolfgang Goethe, »Die Leiden des jungen Werthers«, 1774)

Popanz künstlich hergestellte Schreckgestalt; aber auch: abwertende Bezeichnung für eine Sache oder Person, die Ehrfurcht hervorrufen soll, ohne diese zu verdienen; ebenso: abwertende Bezeichnung für jemanden, der sich willenlos für fremde Zwecke einspannen lässt.

in Deutschland … bezahlen Nach Ansicht von Fritz Bergemann, Eduard David und Thomas Michael Mayer stammt dieser Abschnitt von Weidig.

Ludwig von Gottes Gnaden Großherzog Ludwig II. (1777–1848) regierte von 1830 bis 1848. Sein offizieller Titel lautete: »Ludwig II., von Gottes Gnaden Großherzog von Hessen und bei Rhein«.

Feldgeschrei vgl. Josua 6, 5 und 1. Thessalonicher-Brief 4, 16

euer Gerät … Kerker werfen vgl. Jeremia 37, 15–18 und 49, 29

es kroch … hinausgetragen vgl. Weisheit 7, 1–6, Hiob 1, 21 und Prediger 5, 14

S. 47 Wehe über … und eure Kinder. Auch diese Passage schreiben Bergemann und Mayer Weidig zu.

Ihr setzt … Dornenkrone Anspielung auf die grausame Verhöhnung Jesu Christi durch die Kriegsknechte; vgl. Matthäus 27, 27 bis 30, Markus 15, 16–19 und Johannes 19, 2–5

eine Rute … gezüchtiget werdet vgl. Sprüche 22, 15

Marterstrahl Vermutlich handelt es sich um einen Druckfehler. Gemeint ist wohl: Marterstuhl.

der Fürst … steinichten Äckern Diese Passage scheint in einzelnen Zügen wiederum von einer Stelle im Abschnitt ›40. Hundposttag‹ von Jean Pauls Roman »Hesperus« (vgl. S. 130) inspiriert.

Blutigels »1) Ein kleiner länglicher Wurm, welcher sich in süßen Wassern aufhält, sich an Menschen und Thiere anhängt, und ihnen das Blut aussaugt; ein Egel, Roßegel, […]. Einen Blutegel ansetzen, ihn an einen Theil des Leibes setzen, damit er Blut sauge. Im gemeinen Leben wird dieses Wort gemeiniglich Blutigel ausgesprochen. […] 2) Im niedrigen Scherze, ein Vorgesetzter, der seine Untergebenen bis auf das Blut drücket.« (Adelung)

Schröpfköpfe »kleine cylindrische Gefäße von Glas oder Messing, welche man über ein Licht hält, um die Luft heraus zu treiben, und sie geschwinde über den mit dem Schröpfschnepper aufgeritzten Theil der Haut decket, da sie denn das Blut aus demselben an sich ziehen; Ziehköpfe, Laßköpfe, gleichsam Aderlaßköpfe, ehedem Badeköpfe, weil das Schröpfen eigentlich eine Verrichtung der Bader ist, und ehedem im Bade geschahe, [...]. Kopf hat hier die Bedeutung eines Gefäßes.« (Adelung)

das Mahlzeichen des Tieres vgl. Offenbarung des Johannes 16,2: »[...]; und es entstand ein böses und schlimmes Geschwür an den Menschen, die das Zeichen des Tieres hatten und die sein Bild anbeteten.« Vgl. auch Offenbarung 19,20f. Das Mahlzeichen ist – nach Offenbarung 13,16f. und 14,9–11 – das Zeichen, an dem der Antichrist, der Verderber der Menschen, zu erkennen ist.

Die Töchter des Volks vgl. Jeremia 6,26, 8,22 und 14,17; Klagelieder 4,6 und 4,10 sowie 5. Mose 23,17f. und Hosea 4,13f.

S. 48 Rat schaffen Gemeint ist, der wesentliche Daseinszweck eines Erbprinzen bestehe darin, mit der Erbprinzessin einen weiteren Erbprinzen in die Welt zu setzen, der den Fortbestand der Dynastie sichert.

die Lampen ... illuminiert Ganz ähnlich heißt es in »Dantons Tod«: »wir wollen ihnen das Fett auslassen und unsere Suppen mit schmelzen« (I, 2).

Das alles ... Teil von Judas! Auch diese Passage stammt nach Einschätzung von Bergemann und Mayer von Weidig.

diese Regierung sei von Gott vgl. die bekannte und vieldiskutierte Äußerung des Apostels Paulus um Römerbrief 13,1: »Jedermann sei untertan der Obrigkeit, die Gewalt über ihn hat. Denn es ist keine Obrigkeit außer von Gott; wo aber Obrigkeit ist, die ist von Gott angeordnet.«

Vater der Lügen vgl. Johannes 8,44: »Ihr habt den Teufel zum Vater, und nach eures Vaters Gelüste wollt ihr tun. Der ist ein Mörder von Anfang an und steht nicht in der Wahrheit; denn die Wahrheit ist nicht in ihm. Wenn er Lügen redet, so spricht er aus dem Eigenen; denn er ist ein Lügner und der Vater der Lüge.«

deutschen Kaiser … gewählt wurde verfälschende Darstellung der geschichtlichen Zusammenhänge.; der Kaiser wurde von den Kurfürsten gewählt.

Wesen und Tun vgl. Hesekiel 20, 43 f. sowie 36, 17, 19 und 31; ferner Jeremia 18, 11

sie zertreten … des Elenden vgl. Habakuk 3, 12 und Jesaja 3, 15

einen Gesalbten des Herrn vgl. 1. Samuel 24, 7 und 11 sowie 26, 9, 11, 16 und 23; ferner 2. Samuel 1, 16 sowie 19, 22

Über ein Kleines … auferstehn vgl. Johannes 16, 16, wo Jesus in Vorausdeutung auf seinen Tod und seine Wiederkunft und Auferstehung sagt: »Über ein Kleines, so werdet ihr mich nicht sehen; und aber über ein Kleines, so werdet ihr mich sehen: denn Ich gehe zum Vater.«

Gebet dem Kaiser … Judas! vgl. Matthäus 22, 21: »[…] Da sprach er zu ihnen: So gebet dem Kaiser, was des Kaisers ist, und Gott, was Gottes ist!« Vgl. auch Markus 12, 17. – Den Fürsten gebürt, so gibt die Flugschrift zu verstehen, das gleiche Teil, also der gleiche Lohn, wie dem Verräter Judas. Gemeint sind dabei nicht die 30 Silberlinge Kopfgeld, sondern der Strick, mit dem sich Judas erhängte, nachdem er seine Tat bereut hatte.

S. 49 Im Jahr 1789 … wie Frankreich Von wem der zweiseitige Exkurs zur französischen Geschichte zwischen 1789 und 1830 stammt, ist in der Büchnerforschung umstritten. Teils wird die Position vertreten, er stamme ganz von Weidig, teils, er sei ursprünglich von Büchner verfasst, jedoch von Weidig nachhaltig verändert worden.

Schindmähre »ein elendes Pferd, welches nur noch für den Schinder«, den Abdecker (der Tierkadaver entsorgt), »taugt« (Adelung)

ein König … verantworten Tatsächlich blieb der König in der französischen Verfassung von 1791 »heilig« und »unverletztlich«; nur die Minister waren nun gegenüber dem Volk »verantwortlich«.

der erste Diener im Staat Friedrich II. von Preußen (1712–1786) hat seine Auffassung von der Rolle des Königs mehrfach mit dieser berühmt gewordenen Formulierung ausgesprochen, jedoch immer in der von ihm grundsätzlich bevorzugten französischen Sprache.

Dann erklärten sie … sorgen.« Die aus einer Präambel (Einleitung) und 17 Artikeln bestehende ›Déclaration des droits de l'homme et du citoyen‹ (›Erklärung der Menschen- und Bürgerrechte‹) wurde am 26. August 1789 von der französischen Nationalversammlung angenommen und wörtlich in die Verfassung vom 3. September 1791 aufgenommen. – Der lange Abschnitt in Anführungszeichen (Z. 9–19) ist keineswegs, wie suggeriert wird, ein wörtliches Zitat (in Übersetzung) aus der französischen Erklärung der Menschen- und Bürgerrechte, sondern eine den Wirkungsabsichten der Flugschrift-Verfasser entsprechende Erfindung.

Titel »[…] 3) Eine Benennung, welche jemandes Würde und Rang in der bürgerlichen Gesellschaft bezeichnet. Diesen vornehmen, langen, großen Titel haben. Sich den Titel eines Hofrathes kaufen. Nur den Titel eine Königs führen. Jemanden seinen rechten Titel geben. Die Ehre bestehet nicht in Titeln, sondern in Verdiensten.« (Adelung)

die Landstände »Der Landstand«: »ein Stand eines Landes oder einer Provinz, doch nur ein solcher Stand, welcher das Recht hat, auf Landtagen zu erscheinen, und daselbst über Landesangelegenheiten zu stimmen. Die Landstände zusammen berufen« (Adelung).

von Allen gewählt Auch dies trifft nicht ganz zu. Das Wahlrecht der Verfassung von 1791 teilte die Bürger nach ihrem Vermögen in ›aktive‹ Bürger und ›passive‹ Bürger ein. Die aktiven (vermögenden) besaßen das Wahlrecht, die passiven (besitzlosen) nicht.

der König hat nur … Gesetze zu sorgen. Tatsächlich behielt der König das Recht, die von der Nationalversammlung ausgearbeiteten Gesetze mit seinem Veto (seinem Einspruch) zu blockieren.

Dann schafften … Königswürde ab Ludwig XVI. wurde am 10. August 1792 als König abgesetzt. Am 21. September wurde das Königtum insgesamt abgeschafft. An seine Stelle trat die Republik.

S. 50 erhob sich in seiner Kraft vgl. Psalm 21,14: »HERR, erhebe dich in deiner Kraft, so wollen wir singen und loben deine Macht.«

jauchzten die Völker vgl. Psalm 67,5 sowie 89,16; ferner 1. Samuel 10,24: »[...] Da jauchzte das ganze Volk und sprach: [...].«

Napoleon Napoleon I. (1769–1821), der sich 1804 zum ›Kaiser der Franzosen‹ krönte und bis 1814 bzw. (nach seiner Rückkehr aus Elba) 1815 regierte

das Heer ... erfrieren der Untergang der ›Grande Armée‹ im Russlandfeldzug von 1812, den nur ein kleiner Teil der fast 500 000 Soldaten Frankreichs und seiner (Zwangs-)Verbündeten überlebte; die Weite des russischen Landes und die Härte des russischen Winters spielten dabei eine weitaus wichtigere Rolle als der militärische Widerstand der russischen Armee.

Bourbonen wieder zu Königen Das französische Herrscherhaus der Bourbonen regierte von 1589 (als Heinrich IV. König wurde) bis 1792 und dann noch einmal von 1814 bis 1830. 1814 verhalfen die alten europäischen Mächte, nachdem sie Napoleon besiegt und nach Elba verbannt hatten, einem Bruder Ludwigs XVI. auf den Thron. Er regierte als Ludwig XVIII. bis 1824. Nach seinem Tod

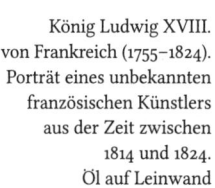

König Ludwig XVIII.
von Frankreich (1755–1824).
Porträt eines unbekannten
französischen Künstlers
aus der Zeit zwischen
1814 und 1824.
Öl auf Leinwand

folgte ihm sein zwei Jahre jüngerer Bruder Karl X. (1757–1836) auf dem Thron nach. Er wurde 1830 im Zuge der ›Julirevolution‹ gestürzt und durch Louis-Philippe I., den sogenannten Bürgerkönig, ersetzt, dessen offizieller Titel nun ›König der Franzosen‹ lautete.

frei und gleich geschaffen vgl. den Artikel 1 der französischen Menschenrechtserklärung vom 3. September 1791 (vgl. auch S. 52, Z. 31 f.)

Karl den Zehnten Karl X. löste durch die ›Julirordonanzen‹, mit welchen er am 26. Juli 1830 das Wahlrecht und die Pressefreiheit einzuschränken versuchte, die Julirevolution aus (27.–29. Juli). Am 2. August musste er abdanken.

Louis Philipp Louis-Philippe I. (1773–1850) war der älteste Sohn des Herzogs Louis-Philippe II. Joseph von Orléans (1747–1793), der ein enthusiastischer Anhänger der Französischen Revolution gewesen war und daher den Beinamen ›Philippe Égalité‹ erhalten hatte. Mit dem Regierungsantritt Louis-Philippes im Jahr 1830 beginnt die Zeit des ›Bürgerkönigtums‹, der Politik des ›Juste-mileu‹ und der Herrschaft des Besitzbürgertums, der Bourgeoisie.

Zuchtrute vgl. Sprüche 22,15: »Torheit steckt dem Knaben im Herzen; aber die Rute der Zucht treibt sie ihm aus.« Vgl. auch Jesaja 9,3f.

zitternd vor Furcht vgl. Hiob 4,14, 1. Korinther-Brief 2,3, 2. Korinther-Brief 7,15, oder den Brief an die Epheser 6,5

S. 51 eine feste Burg vgl. Martin Luthers bekanntes Kirchenlied »Eine feste Burg ist unser Gott« (nach Psalm 46), das auch bei Zusammenkünften der hessischen Liberalen gesungen wurde

Grolmann … bestehen wollte Der konservative hessische Landtagsabgeordnete Friedrich von Grolmann (1784–1859) hatte 1830 für den Antrag der Regierung gestimmt, die Privatschulden Ludwigs II. in Höhe von zwei Millionen Gulden aus der Staatskasse zu begleichen.

Verfassung des Großherzogtums Das Großherzogtum Hessen hatte – als letzter Staat Süddeutschlands – am 17. Dezember 1820 eine Verfassung erhalten.

S. 52 Die Raubgeier in Wien und Berlin Gemeint sind die Regierungen der beiden wichtigsten deutschen Mächte Österreich und Preußen, die während der ›Restaurationszeit‹ als Hüter der ›Reaktion‹ und Antreiber der Unterdrückung bei allen liberal oder republikanisch Gesinnten verhasst waren.

Und diese Zeit ... ist nicht ferne. Vgl. Hesekiel 12,23 und Offenbarung des Johannes 1,3 sowie 22,10. – Die Anrede »geliebte Mitbürger« geht sicherlich auf Weidig zurück, der solche direkten Leseransprachen liebte.

Herz des deutschen Volkes ... abgefallen war vgl. Jesaja 6,10, Jeremia 5,23 und Matthäus 13,15: »Denn das Herz dieses Volkes ist verstockt: ihre Ohren hören schwer, und ihre Augen sind geschlossen, damit sie nicht etwa mit den Augen sehen und mit den Ohren hören und mit dem Herzen verstehen und sich bekehren, und ich ihnen helfe.«

Voreltern »diejenigen Glieder eines Geschlechtes, welcher vor unsern Ältern gelebet haben, wo es doch eben nicht von sehr entfernten Ahnen oder Vorfahren gebraucht zu werden pflegt, sondern gemeiniglich zur unbestimmten Bezeichnung der Groß- und Urältern dienet. Die Segen deines Vaters gehen stärker, denn die Segen meiner Vorältern, 1. Mos. 49, 26.« (Adelung)

Der Herr ... und keine Götter neben ihm Diese Passage erhält zahlreiche Anklänge an Bibelstellen: »Denn du hast ihr drückendes Joch, die Jochstange auf ihrer Schulter und den Stecken ihres Treibers zerbrochen wie am Tage Midians.« (Jesaja 9,3) – »Du sollst ihre Götter nicht anbeten noch ihnen dienen noch tun, was sie tun, sondern du sollst ihre Steinmale umreißen und zerbrechen.« (2. Mose 23,24; vgl. auch 34,13 sowie Hesekiel 6,6 und Micha 1,7) – »[...] und die Hände des Volks des Landes werden kraftlos sein [...]« (Hesekiel 7,27; vgl. auch 1. Samuel, 13,22) – »Du, König, hattest einen Traum, und siehe, ein großes und hohes und hell glänzendes Bild stand vor dir, das war schrecklich anzusehen. / Das Haupt dieses Bildes war von feinem Gold, seine Brust und seine

Arme waren von Silber, sein Bauch und seine Lenden waren von Kupfer, / seine Schenkel waren von Eisen, seine Füße waren teils von Eisen und teils von Ton.« (Daniel 2, 31–33) – »Und sie werden hinausgehen und schauen die Leichname derer, die von mir abtrünnig waren; denn ihr Wurm wird nicht sterben, und ihr Feuer wird nicht verlöschen, und sie werden allem Fleisch ein Greuel sein.« (Jesaja 66, 24; vgl. auch Markus 9, 44–50) – »Der HERR wird seinem Volk Kraft geben; [...].« (Psalm 29, 11; vgl. auch 68, 36) – »Das sahst du, bis ein Stein herunterkam, ohne Zutun von Menschenhänden; der traf das Bild an seinen Füßen, die von Eisen und Ton waren, und zermalmte sie.« (Daniel 2, 34) – »Ja, Gott wird den Kopf seiner Feinde zerschmeißen, [...].« (Psalm 68, 22) – »Liebe Brüder, wenn jemand unter euch abirren würde von der Wahrheit und jemand bekehrte ihn, / der soll wissen: wer den Sünder bekehrt hat von seinem Irrweg, der wird seine Seele vom Tode erretten [...].« (Brief des Jakobus 5, 19 f.; vgl. auch 2. Brief des Petrus 2, 18) – »[...] und werdet die Wahrheit erkennen, und die Wahrheit wird euch frei machen.« (Johannes 8, 32; vgl. auch 1. Brief an Thimotheus 4, 3 und 2. Brief an Thimotheus 2, 25 sowie Brief des Johannes 2, 18) – »Du sollst keine anderen Götter haben neben mir.« (2. Mose 20, 3)

eures Wandels »Der Wandel«: »[...] 2. im figürlichen Verstande, von der ganzen Einrichtung der sittlichen Handlungen, und der Reihe derselben, am häufigsten in der Theologie, und mit Beywörtern, welche die Art und Weise desselben bezeichnen. Einen guten, unsträflichen, tugendhaften, üblen Wandel führen. Jemandes Leben und Wandel beschreiben.« (Adelung)

S. 53 der Gott ... vereinigte vgl. 1. Korintherbrief 12, 13: »Denn wir sind durch einen Geist alle zu einem Leib getauft, wir seien Juden oder Griechen, Sklaven oder Freie, und sind alle mit einem Geist getränkt.«

in dreißig Stücke Anspielung auf die Mitgliederzahl des deutschen Staatenbunds, der jedoch nicht aus 30, sondern aus 38 souveränen Staaten bestand, 34 Fürstentümern und vier freien Städten

hier zeitlich und dort ewiglich strafen Gemeint ist: hier im Diesseits nach Menschenmaß und dort im Jenseits nach göttlichem Maß strafen.

was Gott vereinigt hat … nicht trennen vgl. Matthäus 19,6: »Was nun Gott zusammengefügt hat, das soll der Mensch nicht scheiden!«

Er hat … Gewalt gegeben vgl. 2. Korintherbrief 12,7: »Und damit ich mich wegen der hohen Offenbarungen nicht überhebe, ist mir gegeben ein Pfahl ins Fleisch, nämlich des Satans Engel, der mich mit Fäusten schlagen soll, damit ich mich nicht überhebe.« Der Ausdruck ›jemandem Gewalt geben‹ kommt in der Bibel öfters vor, etwa in Lukas 9,3.

ihr Maß ist voll! Johanna im dritten Auftritt des Prologs von Schillers »Die Jungfrau von Orleans« (1801); seither ein geflügeltes Wort

Ludwig den Baiern Ludwig I. (1786–1868), der König von Bayern (in der Zeit von 1825–1848), beharrte beim Tatbestand der Majestätsbeleidigung auf der Anwendung des Artikels 311 des Strafgesetzbuchs für das Königreich Bayern von 1813, demgemäß der Schuldige »öffentliche Abbitte vor dem Bildnisse des Souverains« leisten musste. – Seine zahlreichen Kunstreisen (München entwickelte sich in seiner Regierungszeit zu einem Zentrum der bildenden Künste in Deutschland) führten ihn meist nach Italien, wo er auch seine Freundin, die Marchesa Marianna Florenzi (1802–1870), traf. Für diese Ausflüge wurde er in Pamphleten öffentlich angegriffen, in denen er aufgrund seiner ›Weibergeschichten‹ beispielsweise als »italienischer Hurenbock« geschmäht wurde.

das Schwein Wegen seiner angeblichen Unreinlichkeit (vgl. 2. Brief des Petrus, 2,22) diente das Schwein zur Bezeichnung eines Menschen von ›unanständig‹ ausschweifender Sinnlichkeit.

den Wolf Schon in der Bibel werden Fürsten mit Wölfen verglichen (vgl. Hesekiel 22,27 und Mätthäus 7,15). In »Dantons Tod« sagt ein Bürger: »Sie haben uns gesagt: schlagt die Aristokraten tot, das sind Wölfe! Wir haben die Aristokraten an die Laternen gehängt.« (I, 2)

S. 54 Baals-Hofstaat Ein wichtiges Merkmal des Baals-Kultes war, der Bibel zufolge, das gebeugte Knie bzw. der Kniefall vor der Gottheit (vgl. 1. Könige 19,18 und Römerbrief 11,4).

für immer jährlich fünf Millionen Der bayerische Landtag bewilligte der Königsfamilie 1834 auf unbefristete Zeit ein Jahresgehalt von drei Millionen Gulden, was damals einem Anteil von neun Prozent an den gesamten Staatseinnahmen entsprach.

Ha! du wärst Obrigkeit … nicht von Gott, Tyrann! leicht veränderter Text der letzten Strophe von Gottfried August Bürgers (1747 bis 1794) Gedicht »Der Bauer. An seinen durchlauchtigen Tyrannen« (1773), das erstmals 1776 im von Johann Heinrich Voß herausgegebenen »Göttinger Musenalmach« veröffentlicht worden war und das während der Zeit des literarischen Jakobinismus in Deutschland, in den Jahren 1789 bis 1806, große Popularität erlangt hatte. Im Original lautet die Schlussstrophe: »Ha! du wärst Obrigkeit von Gott? / Gott spendet Segen aus; du raubst! / Du nicht von Gott, Tyrann!« Die Erweiterung stammt wohl von Weidig, der überhaupt für die Einschaltung der Gedichtstrophe verantwortlich sein dürfte.

Gott … wird es wieder heilen. Hier sind wohl mehrere Bibelstellen miteinander verschmolzen worden: »so will auch ich euch zuwiderhandeln und will euch siebenfältig mehr schlagen um eurer Sünden willen« (3. Mose 26,24). – »Sehet nun, dass ich's allein bin und ist kein Gott neben mir! Ich kann töten und lebendig machen, ich kann schlagen und kann heilen, und niemand ist da, der aus meiner Hand errettet.« (5. Mose 32,39) – »Kommt, wir wollen wieder zum Herrn; denn er hat uns zerrissen, er wird uns auch heilen, er hat uns geschlagen, er wird uns auch verbinden.« (Hosea 6,1)

der Höcker Der König war durch einen hornähnlichen Auswuchs auf der Stirn leicht verunstaltet (vgl. die Abbildung auf Seite 143).

Ezechiel ›Ezechiel‹ ist die aus der lateinischen Bibelübersetzung, der Vulgata, geläufige Namensform für den Propheten Hesekiel.

Der Herr führte mich … eure Gebeine sind verdorrt vgl. Hesekiel 37,1f., 6, 7, 10 und 11

König Ludwig I. von Bayern (1786–1868).
Porträtfotografie von Joseph Albert aus
dem Jahre 1860

S. 55 In dem Leichenfelde vgl. Hesekiel 37,7 und 10

Hebt die Augen auf häufige Wendung in Luthers Bibelübersetzung

aber ich sage … umkommen. »Aber ich sage euch: […]« (Matthäus
8,11; vgl. auch Matthäus 5, 22, Markus 9,13 oder Lukas 6,27); –
»Da sprach Jesus zu ihm: Stecke dein Schwert an seinen Ort! Denn
wer das Schwert nimmt, der soll durchs Schwert umkommen.«
(Matthäus 26,52)

Das deutsche Volk … ein Glied dieses Leibes. vgl. das paulinische
Gleichnis von dem *einen* Leib und den vielen Gliedern im 1. Korintherbrief 12,12–31

Es ist einerlei, wo die Scheinleiche zu zucken anfängt. Mit diesem Bild
ist wohl gemeint: Es ist gleichgültig, wo in Deutschland der Funke
der Revolution zuerst aufflammt, von wo der Aufstand gegen die
ungerechte Obrigkeit ausgeht.

Dienstbarkeit Knechtschaft, Sklaverei. Der aus der Bibel geläufige
Begriff ist wohl von Weidig eingefügt worden, in dessen Schriften
er auch sonst häufig vorkommt.

Dornäckern der Knechtschaft Dieses Bild ist vermutlich durch die Vertreibung aus dem Paradies inspiriert, wie sie im 1. Buch Mose geschildert wird: »Und zum Manne sprach er: Weil du gehorcht hast der Stimme deines Weibes und gegessen von dem Baum, von dem ich dir gebot und sprach: Du sollst nicht davon essen –, verflucht sei der Acker um deinetwillen! Mit Mühsal sollst du dich von ihm nähren dein Leben lang. / Dornen und Disteln soll er dir tragen, und du sollst das Kraut auf dem Felde essen.« (1. Mose 3,17f.) – Vgl. auch Jesaja 32,13: »um den Acker meines Volks, auf dem Dornen und Hecken wachsen [...].«

bis ins tausendste Glied vgl. 2. Mose 34,7

S. 56 Wasser des Lebens vgl. Offenbarung des Johannes 22,17: »[...] Und wen dürstet, der komme; und wer da will, der nehme das Wasser des Lebens umsonst.«

wachet ... und betet vgl. Markus 14,38: »Wachet und betet, dass ihr nicht in Versuchung fallt! Der Geist ist willig; aber das Fleisch ist schwach.« (Vgl. auch Matthäus 26,41) – Vgl. ferner Jesaja 8,9: »[...] rüstet euch, ihr müsst doch fliehen!«

Herr, zerbrich ... Reich der Gerechtigkeit vgl. Jesaja 9,3: »Denn du hast [...] den Stecken ihres Treibers zerbrochen [...].« – Matthäus 6,10: »Dein Reich komme. [...]« – Römerbrief 14,17: »Denn das Reich Gottes ist nicht Essen und Trinken, sondern Gerechtigkeit und Friede und Freude in dem heiligen Geist.«

Erläuterungen zum Clarus-Gutachten

S. 61 Dr. Johann Christian August Clarus Johann Christian August Clarus wurde 1774 in Coburg geboren und starb 1854 in Leipzig. Er studierte ab 1795 in Leipzig Medizin und schloss das Studium mit der Promotion (dem Doktortitel) ab. 1804 wurde er zum außerordentlichen Professor für Anatomie und Chirurgie ernannt, 1811 wurde ihm zudem das Amt des Stadtphysikus (siehe unten) von Leipzig übertragen. Seit 1818 führte er den Titel eines königlich-sächsischen Hofrates (siehe unten). Neben seiner praktischen Tätigkeit trat er durch wissenschaftliche Arbeiten hervor. Seine Gutachten im Fall Woyzeck stießen in Fachkreisen auf Widerspruch. Sie wurden 1825 in »Henkes Zeitschrift für die Staatsarzneikunde« veröffentlicht. Zu den Abonnenten dieser medizinischen Fachzeitschrift gehörte auch Büchners Vater Ernst Karl Büchner (1786 bis 1861), der seit 1816 Amts- und Stadtchirurg in Darmstadt war.

Hofrat »1) Eigentlich, der Rath eines fürstlichen Hofes, welches demselben in Hof- oder Landessachen Rath zu geben befugt ist, oder doch einem dem Hofe unmittelbar unterworfenen Gerichte oder Collegio beywohnet; besonders sofern selbiges eine mit einem gewissen bestimmten Range verbundene Würde ist, welche aber oft auch als ein bloßer Titel gegeben wird, ohne daß damit einige Verrichtung verbunden wäre. [...]« (Johann Christoph Adelung [1732–1806]: Grammatisch-kritisches Wörterbuch der Hochdeutschen Mundart. 1774–1786, 2. Auflage 1793–1801).

ordentl. des. ordentlicher designatus (lat.: ›bezeichneter‹, also: zukünftiger); ein Professor designatus ist ein angehender Professor, der noch nicht alle Anforderungen erfüllt hat, die ihn berechtigen, den Titel zu führen.

Physikus Der »Stadt-Physicus« ist »ein Arzt, welcher d[er] Stadt und ihrem gemeinen Wesen mit Eid und Pflicht verbunden ist, und alle in seine Wissenschaft gehörige Verrichtungen zum Dienste«

der Stadt »übernehmen muß; in einigen Städten der Stadtarzt« (Adelung).

Scharfrichters »der Nachrichter, welcher die zuerkannten Leib- und Lebensstrafen an den Verbrechern vollziehet, weil er scharf, d. i. an Leib und Leben richtet; eine Benennung, welche vermuthlich noch aus denjenigen Zeiten herstammet, da noch der jüngste Richter oder Beysitzer eines Gerichtes die Todesurtheile an den Verbrechern zu vollziehen pflegte« (Adelung).

S. 64 artikulierten Verhöre »im frühern deutschen Strafprozess das Verhör über Fragen, die nicht eine zusammenhängende Erzählung vonseiten des Beschuldigten, sondern nur kurze Antworten bezweckten. Dabei wurde zwischen allgemeinen (articuli generales), den Lebenswandel, die Verhältnisse etc. des Inquisiten betreffenden, und besondern (articuli speciales), lediglich auf die Anschuldigungspunkte gerichteten Artikeln unterschieden. In dem neuern Strafverfahren ist das artikulierte Verhör nicht mehr üblich.« (Meyers Großes Konversations-Lexikon. Bd. 1. Leipzig 1905, S. 827)

S. 69 Aufführung »Besonders das äußere und sittliche Betragen, sowohl in dem ganzen Umfange des bürgerlichen Lebens, als auch in einzelnen Fällen. Das ist eine schlechte Aufführung. Ist das eine Aufführung für eine wohl gerathene Tochter« (Adelung).

illuminiert »aus dem mittlern Latein. illuminare. 1) Farben auf eine Zeichnung oder auf einen Kupferstich tragen, die Theile derselben durch verschiedene Farben kenntlicher machen. […] eine Landkarte illuminiren« (Adelung).

Kammerrat »ein fürstlicher Rath, welcher bey einer Finanz-Kammer als Beysitzer angestellet ist, oder einer solchen Finanz-Kammer in ihren Angelegenheiten dienet. An einigen Orten werden sie Schatzräthe genannt.« (Adelung)

S. 70 Kanaille »1) Ein niedriges Schimpfwort auf liederliche lasterhafte Leute von der untersten Classe, als ein Collectivum und ohne Plural, in welcher Bedeutung das franz. Canaille eigentlich von dem niedrigsten Pöbel gebraucht wird. 2) Ein eben so niedriges

Schimpfwort auf einzelne, niedrige, lasterhafte und boßhafte Personen. Es ist eine Canaille. Er, oder sie ist eine Canaille.« (Adelung)

Luder »Schwelgerey, liederliches Leben, im härtesten und verächtlichsten Verstande [...]; sich dem Luder ergeben, im Luder liegen. So auch das Luderleben, ein niedrig schwelgerisches, liederliches Leben. Es scheinet hier mit dem schwed. Lyte, unserm heutigen Laster, und dem veralteten Lotter Eines Geschlechtes zu seyn, welche insgesammt eigentlich eine körperliche Verunstaltung, hernach aber eine jede schändliche Fertigkeit bedeuteten. [...] Das äußerst niedrige Schimpfwort du Luder, lässet sich gleichfalls auf diese Art erklären, weil man im Oberdeutschen das Wort Laster auf ähnliche Art gebraucht, aber auch zu dem folgenden Luder, Aas, rechnen.« (Adelung)

Kupferdreiers »Der Dreier« war eine kleine Münze von geringem Wert: »Besonders wird dieses Wort in Obersachsen von einer Art Scheidemünze gebraucht, welche drey Pfennige gilt, und oft auch gebraucht wird, eine Kleinigkeit überhaupt auszudrucken. [...] Ich lasse mir keinen Dreyer abziehen, nicht das geringste. Ich wende nicht einen Dreyer daran.« (Adelung)

S. 73 zu Johannis »Der Johannis-Tag«: »der Tag, an welchem in der christlichen Kirche das Andenken Johannis des Täufers gefeyert wird, und welcher auf den 24sten Juni fällt; das Johannis-Fest, im gemeinen Leben nur schlechthin Johannis, oder Johanni.« (Adelung)

Gelbgießers »ein Handwerker, welcher allerley Geräth aus Messing gießet; niders. Geelgeter, der an andern Orten auch Rothgießer genannt wird.« (Adelung)

Pachter Eine Pacht ist eine »mit dem Eigentümer gegen Entgelt vertraglich vereinbarte (befristete) Nutzung einer Sache« (Duden-Wörterbuch).

illuminiert »illuminieren«: »[...] 2) Erleuchten, doch nur so fern solches mit mehrern Lichtern oder Lampen geschiehet. Die Fenster eines Hauses, einen Garten illuminiren. Daher die Illumination, eine solche feyerliche Erleuchtung.« (Adelung)

der Messe Leipzig war die wichtigste Messestadt Deutschlands. Bereits im 12. Jahrhundert sollen in Leipzig die ersten Handelsmessen stattgefunden haben.

S. 75 Michaelis »Besonders ist in der christlichen Kirche der Erzengel Michael berühmt geworden, dessen Fest, welches das Michaelis-Fest, der Michaelis Tag, im gemeinen Leben aber nur Michäl heißt, im Herbste den 29sten Sept. gefeyert wird.« (Adelung)

S. 77 Stadtsoldat »ein Soldat, welcher bey einer Stadt in Eid und Pflicht stehet, und nur zur Besatzung in derselben gebraucht wird; zum Unterschiede von einem Feldsoldaten.« (Adelung)

S. 78 Lohnbedienten Ein Lohnbedienter war jemand, der als Bedienung für einen bestimmten Anlass oder eine bestimmte Zeit engagiert wurde, aber nicht zum festen Stamm des Dienstpersonals eines vornehmen Hauses gehörte.

S. 80 die Degenklinge in ein Heft stoßen »Heft«: »derjenige Theil eines Werkzeuges, wobey man dasselbe angreifet und handhabet; der Stiel, die Handhabe, der Griff. Das Heft eines Degens, derjenige Theil des Gefäßes, wobey man denselben angreifet« (Adelung).

S. 82 vollblütig »voll von Blute, d. i. vieles Blut, mehr Geblüt habend, als zur Erhaltung der Gesundheit nöthig ist. Vollblütig seyn. Vollblütige[ ] Leute[ ] muß man zur Ader lassen. Daher die Vollblütigkeit.« (Adelung).

Zufälle »Zufall«: »[…] 3. In engerer Bedeutung, eine unerwartete merkliche Veränderung der Gesundheit, welche man nicht näher bezeichnen will, oder kann. Sie bekommt einen Zufall über den andern« (Adelung).

S. 87 der Redoute »aus dem Franz. Redoute, und dieß vom Latein. Reductus. […] 2) Ein öffentlicher maskirter Ball, Ital. Ridutto, Ridotto, welches eigentlich einen Ort, in welchem Spieler, Tänzer u. s. f. zusammen kommen, bedeutet.« (Adelung)

Frauenzimmer »[...] 3) Eine einzelne Person weiblichen Geschlechtes von gutem Stande, da man von geringern Personen den Ausdruck Frauensperson und von ganz niedrigen das Wort Weibsperson gebraucht.« (Adelung)

S. 89 lustig gemacht »lustig«: »Lust habend und erweckend. 1. Sofern Lust Vergnügen bedeutet, ist lustig, 1) angenehme Empfindungen durch außere Merkmahle, besonders durch Bewegungen, dergleichen Tanzen, Springen u. s. f. sind, an den Tag legend, und in dieser Gemüthsstellung gegründet. Sich lustig machen, durch Tanzen, Springen, Scherzen u. s. f.« (Adelung).

schnöde begegnet »schnöde«: »[...] 2) In einer objectiven, sein Urtheil eines andern verächtlichen Beschaffenheit durch Worte und Handlungen auf eine ihm empfindliche Art an den Tag legend, und darin gegründet; verächtlich. Jemanden schnöde begegnen, ihn schnöde halten. Einem schnöde Worte geben. Die schnödesten Worte von jemanden anhören müssen.« (Adelung)

Du kannst abkommen »Er kann abkommen, man kann seiner entbehren« (Adelung).

Grimmaischen Tore nach Osten gerichtetes, am Anfang der Straße nach Grimma gelegenes Leipziger Stadttor, das in den Jahren 1498 bis 1502 in der Stadtmauer mit einer Zugbrücke über den Wallgraben errichtet worden war. Seit 1687 diente es als ständiges Lokal der Hauptwache der Stadt. 1831 wurde es abgerissen.

S. 90 Peterstore ab 1420 urkundlich bezeugtes Stadttor im Süden Leipzigs, das nach der ihm benachbarten Peterskirche benannt war. Es wurde 1722/23 durch einen Neubau im Barockstil ersetzt, der Wachstuben und Wohnungen für städtische Beamte enthielt und als ein besonderes architektonisches Schmuckstück Leipzigs galt.

S. 91 ihr zum Tort »Tort«: »ein nur im gemeinen Leben aus dem franz. Tort, mit deutscher Aussprache, entlehntes Wort, Nachtheil zu bezeichnen. Er hat mir vielen Tort gethan. Das wird dir Tort thun.« (Adelung)

S. 94 Blutflüssen »Blutfluß«: »ein jeder Fluß des Blutes, d. i. starkes Bluten aus einer bereits von der Natur gemachten Öffnung; [...]. So werden ein starkes Nasenbluten, [...] der Fluß der Adern im Mastdarme u. s. f. mit dem allgemeinen Nahmen des Blutflusses belegt. Besonders führet diesen Nahmen zuweilen ein schmerzlicher Bauchfluß mit faulen eiterigen Blute, der gemeiniglich die rothe Ruhr genannt wird.« (Adelung)

Steinbeschwerden Gemeint sind vermutlich die sogenannten Nierensteine: in der Niere entstehende steinartige Bildungen, die zu Funktionsstörungen des Organs führen und große Schmerzen verursachen.

S. 96 Temperamentsfehler »Temperament«: »[...] 2. Die Mischung der festen und flüssigen Theile in einem thierischen, besonders menschlichen Körper. Ein gutes Temperament haben, eine gute Natur, gute Leibesbeschaffenheit und Gesundheit. Besonders 3, in engerm Verstande, diese Mischung der festen und flüssigen Theile des Körpers, in Rücksicht auf die, dadurch bestimmten sinnlichen Vorstellungen, Begierden und Neigungen. In diesem Verstande nimmt man vier Haupt-Temperamente bey den Menschen an, das phlegmatische, sanguinische, cholerische und melancholische. Der eifrigste Enthusiasmus in der Freundschaft, der sich nur auf gleichseitige Neigung des Temperaments gründet, ist an und für sich keine Tugend, er ist ein bloßer Naturtrieb« (Adelung).

Leben und Werk im Überblick

Goddelau, 1813

Karl Georg Büchner kommt am 17. Oktober in Goddelau im Großherzogtum Hessen-Darmstadt als erstes Kind des Arztes Ernst Karl Büchner (1786–1861) und seiner aus einer Beamtenfamilie stammenden Frau Caroline, geb. Reuß (1791–1858), zur Welt. Vier seiner fünf jüngeren Geschwister (zwei weitere Kinder starben früh) haben es später ebenfalls zu öffentlicher Bekanntheit gebracht: Wilhelm (1816–1892) als Unternehmer und Politiker, Luise (1821–1877) als Schriftstellerin und Frauenrechtlerin, Ludwig (1824–1899) als Philosoph und Alexander (1827–1904) 1848 als Revolutionär und später als Literaturprofessor.

Darmstadt, 1816–1821

Im Herbst **1816** zieht die Familie in die Residenzstadt Darmstadt um, wo der Vater Amts- und Stadtchirurg geworden ist. In späteren Jahren steigt er zu hohen Ämtern auf. Den ersten Elementarunterricht erhält Georg zwischen **1819** und **1821** daheim durch die Mutter.

Darmstadt, 1821–1825

Georg wird im Herbst **1821** in der neu gegründeten, als fortschrittlich und freisinnig geltenden ›Privat-Erziehungs- und Unterrichtsanstalt‹ von Dr. Karl Weitershausen eingeschult. Zum schulischen Pensum gehört Unterricht in Latein, Griechisch und Französisch, Geometrie, Physik und Geschichte, Zeichnen, Turnen und Exerzieren sowie naturwissenschaftliche Beschäftigungen.

Darmstadt, 1825–1831

Im Frühjahr **1825** wechselt Büchner auf das Großherzogliche Gymnasium Darmstadt, eine Schule von ausgezeichnetem Ruf mit etwa 300 Schülern. Zwei Fünftel der Unterrichtszeit sind dem Lateinischen und Griechischen vorbehalten, in der übrigen Zeit wird ein breites Spektrum sprachlicher, geistes- und naturwissenschaftlicher Bildung vermittelt.

Im Mai **1828** wird Büchner in der Stadtkirche konfirmiert. 1830 kommt es infolge der Pariser Juli-Revolution in Oberhessen zu Bauernaufständen. Büchner und zahlreiche seiner Mitschüler politisieren sich und legen eine oppositionelle Haltung an den Tag. Sie finden einander über gemeinsame literarische Interessen. Büchner versucht sich in Prosa und Lyrik. Im März **1831** beendet er seine Schullaufbahn als Abiturient.

Straßburg, 1831–1833

Büchners Vater erwirkt für seinen Sohn die Genehmigung, außerhalb des Großherzogtums, in Straßburg, Medizin zu studieren. Dort wohnen entfernte Verwandte der Mutter. Im November **1831** nimmt er das Studium auf. Er wohnt bei dem Pfarrer und Dichter Johann Jakob Jaeglé (1763–1837), dessen Tochter Louise Wilhelmine (»Minna«, 1810–1880) ihn im Frühjahr **1832** während einer Krankheit pflegt, woraufhin es zu einer heimlichen Verlobung kommt.

Straßburg mit seinen 50 000 Einwohnern bietet vielfältige intellektuelle Anregungen. Die politische Erregung der Julirevolution wirkt fort. Büchner wird mit frühsozialistischen Theorien bekannt. Im Mai **1832** hält er in der theologischen Studentenverbindung »Eugenia«, deren ›Dauergast‹ (»hospes perpetuus«) er ist, einen Vortrag, in der er »die Verderbtheit der deutschen Regierungen« anprangert. Die Sommerferien verbringt er in Darmstadt. Nach dem zweiten Studienjahr kehrt er im August **1833** ins Großherzogtum zurück, um an der Landesuniversität Gießen seinen Studienabschluss zu machen.

Gießen und Darmstadt, 1833–1835

Nach zwei glücklichen Jahren in Straßburg findet Büchner nur schwer in die hessischen Verhältnisse zurück. Gleich nach einem Monat in Gießen (die Stadt hat 7000 Einwohner, die 400 bis 600 Studenten eingerechnet) erkrankt er an einer leichten Gehirnhautentzündung, die er im Dezember **1833** zu Hause in Darmstadt auskuriert.

Im Januar **1834** macht er die Bekanntschaft des Oppositionellen Friedrich Ludwig Weidig (1791–1837), der Konrektor der Knabenschule in Butzbach ist. Er entwirft eine revolutionäre Flugschrift, den »Hessischen Landboten«, die von Weidig später zu seinem Ärger überarbeitet und entschärft wird, um die Sympathisanten aus dem Bürgertum nicht vor den Kopf zu stoßen. Zwischen März und Mai gründet Büchner zusammen mit dem ehemaligen Theologiestudenten August Becker (1812–1871) eine geheime revolutionäre ›Gesellschaft der Menschenrechte‹.

Ende März reist er für zwei Wochen nach Straßburg, um Minna zu sehen. Er informiert seine Eltern über das Verlöbnis. Der Vater reagiert zunächst aufgebracht, lenkt dann aber ein.

Auf der Rückreise von Straßburg nach Gießen besucht Büchner seine Familie und formiert bei dieser Gelegenheit auch in Darmstadt eine Sektion der ›Gesellschaft der Menschenrechte‹, in der, wie in Gießen, Studenten und Handwerker konspirativ zusammenarbeiten sollen. Am 3. Juli nimmt er auf der Ruine Badenburg (bei Gießen) an einer Strategiebesprechung der oppositionellen Gruppen im Land teil. Es wird beschlossen, den »Hessischen Landboten« zu verbreiten. Er wird noch im Juli in Offenbach (vermutlich in einer Auflage von 1200 bis 1500 Stück) gedruckt. Ein Polizeispitzel aus dem Umfeld Weidigs verrät die Aktion an die Behörden. Am 1. August wird der Student Karl Minnigerode beim Versuch verhaftet, 100 Exemplare der Flugschrift nach Gießen zu bringen. Büchner warnt die Mitverschworenen. Das Hofgericht in Darmstadt erlässt gegen ihn als den mutmaßlichen Verfasser der Flugschrift einen Haftbefehl. Sein Zimmer wird in seiner Abwesenheit auf Anordnung des Gießener Universitätsrichters durchsucht. Am 5. August wird Büchner verhört, bleibt aber mangels Beweisen auf freiem Fuß. Mitte September, nach Abschluss der Vorlesungen, kehrt er nach Darmstadt ins Elternhaus zurück.

Im November wird eine zweite Auflage des »Hessischen Landboten« hergestellt und verteilt. Büchner lebt in der Furcht, doch noch verhaftet zu werden, reorganisiert aber gleichwohl die Darmstädter Sektion der ›Gesellschaft der Menschenrechte‹ und beteiligt sich an Planungen zur Befreiung Minnigerodes und der anderen Inhaftierten. Daneben bereitet er sich auf sein Examen vor, hält auf Anregung des Vaters studienvorbereitende Vorlesungen für Abiturienten, liest Philosophisches und Geschichtliches und beschäftigt sich mit den Quellen für sein erstes Drama, »Dantons Tod«, das er im Januar und Februar **1835** niederschreibt und am 21. Februar an den Frankfurter Verleger Sauerländer und einen seiner Mitarbeiter, den Schriftsteller Karl Gutzkow (1811–1878), schickt. Die Zusage kommt postwendend, als Honorar bietet Sauerländer 100 Gulden. Nachdem er bereits im Dezember und Januar/Februar in Friedberg und Offenbach vernommen worden ist, erhält Büchner Ende Februar und Anfang März Vorladungen zu weiteren Verhören durch den Darmstädter Universitätsrichter. Er entschließt sich zur Flucht nach Straßburg.

Straßburg, 1835–1836

Am 6. März **1835** überquert Büchner die französische Grenze. Ein Tag später trifft das Honorar für »Dantons Tod« im Elternhaus ein. Der Vater erfährt erst jetzt von den politischen und schriftstellerischen Aktivitäten des Sohns. Er stellt für die nächsten anderthalb Jahre den Kontakt zu Georg ein, sendet ihm aber regelmäßig Geld.

Erst im Herbst 1835 erhält Büchner in Straßburg eine »carte de sûreté«, die ihn vor einer Ausweisung schützt. Bis dahin lebt er, möglicherweise unter einem Decknamen, halb im Untergrund. Gutzkow bemüht sich, Büchner zu weiteren literarischen Arbeiten zu bewegen. Zudem bietet er ihm 100 Gulden für die Übersetzung zweier Dramen Victor Hugos (1882–1885), die im Rahmen der von ihm betreuten deutschen Werkausgabe des französischen Romantikers erscheinen sollen. Büchner liefert die Übertragungen, an denen er ohne Begeisterung arbeitet, im Frühsommer.

Inzwischen ist es in Hessen zu einer neuen Verhaftungswelle gekommen. Zu den Inhaftierten gehören August Becker und Friedrich Ludwig Weidig, der knapp zwei Jahre später (nur zwei Tage nach Büchners Tod) unter mysteriösen Umständen in der Haft stirbt. Seit dem 13. Juni wird auch Büchner steckbrieflich gesucht.

1835 arbeitet Büchner zu verschiedenen Zeiten an einer Erzählung über den Aufenthalt (vom 20. Januar bis zum 8. Februar 1778) des gemütskranken Sturm-und-Drang-Dichters Jakob Michael Reinhold Lenz (1751–1792) bei dem Pfarrer und Menschenfreund Johann Friedrich Oberlin (1740–1826) im elsässischen Waldersbach. Über seine Straßburger Freunde August und Adolph Stoeber gelangt er an umfangreiches authentisches Material, das er für das Projekt nutzt. (Auch ist Pfarrer Jaeglé ein Freund Oberlins gewesen und hat dessen Grabrede gehalten.) Letztlich bleibt die »Lenz«-Erzählung Fragment.

Im Juli erscheint »Dantons Tod« als Buch. Gutzkow hat die blasphemischen und unsittlichen Passagen entschärft, um den Text durch die Zensur zu bringen.

Sobald sich Büchner im Besitz der »carte de sûreté« wieder freier bewegen kann, macht er sich daran, den Doktortitel zu erwerben und sich auf eine akademische Lehrtätigkeit an der 1833 neu gegründeten Universität Zürich in den Fachrichtungen Vergleichende Anatomie sowie Philosophie vorzubereiten. Seine Doktorarbeit verfasst er über das Nervensystem der Flussbarbe, einem in Straßburger Gewässern verbreiteten Fisch. Seine Untersuchungen finden bei den Fachleuten der Straßburger »Société d'histoire naturelle« viel Anerkennung. Ende Mai **1836** schließt Büchner die Dissertationsschrift ab.

Während in den folgenden Monaten das Promotionsverfahren abgewickelt und die Übersiedlung in die Schweiz vorbereitet wird, widmet sich Büchner erneut literarischen Arbeiten. Er beteiligt sich an einem Preisausschreiben der berühmten Cotta'schen Verlagsbuchhandlung, die 300 Gulden für das beste eingesandte zweiaktige Lustspiel ausgelobt hat. Büchners Wettbewerbsbeitrag »Leonce und

Lena« trifft etwas zu spät ein und wird nicht mehr berücksichtigt. Im Sommer 1836 beschäftigt er sich weiter mit dem Stück, das er in die endgültige dreiaktige Fassung umarbeitet. Daneben schreibt er am »Woyzeck«, einem auf einem realen Mordfall beruhenden Stück über die Existenz eines sozial Deklassierten. Ein weiteres Stück, »Pietro Aretino« (über den italienischen Renaissancedichter), hat sich nicht im Nachlass gefunden und ist vielleicht über Pläne nie hinausgelangt.

Zürich, 1836–1837

Am 19. Oktober **1836** trifft Büchner in Zürich ein. Am 5. November hält er seine Probevorlesung (»Über Schädelnerven«) und wird daraufhin zum Privatdozenten ernannt. Mitte November beginnt er mit seinem Kurs über vergleichende Anatomie (»Zootomische Demonstrationen«), den er auf seinem Zimmer abhält und zu dem nur drei Studenten regelmäßig erscheinen. Trotz dieses geringen Zulaufs wird er vom Gründungsrektor der Universität, Lorenz Oken, sehr geschätzt und erhält auch von anderen Mitgliedern des Lehrkörpers viel Anerkennung für seine Leistungen. Ab Ende November ist er im Besitz einer provisorischen Aufenthaltsgenehmigung für Zürich als Asylant der »Sonder-Klasse«.

Am 20. Januar **1837** erkrankt Büchner. Ab dem 2. Februar entwickelt sich hohes Fieber. Der Arzt diagnostiziert Typhus. Am 17. Februar trifft Minna Jaeglé ein. Zwei Tage später stirbt Büchner im Alter von 23 Jahren. Am 21. Februar wird er von einer großen Trauergemeinde in Zürich zu Grabe getragen.

Druck A[5] / Jahr 2023
Alle Drucke der Serie A sind im Unterricht parallel verwendbar.

Bildnachweis: akg-images GmbH, Berlin: 2.1. |http://www.zeno.org -
Contumax GmbH & Co.KG, Berlin: 143.1. |Petersohn, Ira, Ellerbek:
159.1. |Picture-Alliance GmbH, Frankfurt/M.: dpa 58.1. |wikimedia.com-
mons: Historiograf 38.1; Marie-Lan Nguyen 137.1; talk / contribs 117.1.

Redaktion, Satz, Erläuterungen und ›Leben und
Werk im Überblick‹: Dr. Hans-Georg Schede, Freiburg
Layout: Yvonne Behnke, Berlin
Druck und Bindung: Westermann Druck Zwickau GmbH,
Crimmitschauer Straße 43, 08058 Zwickau

ISBN 978-3-507-**69995**-3

Schroedel Interpretationen

ISBN 978-3-507-47708-7

Die »Schroedel Interpretationen« bieten anspruchsvolle, doch verständlich und interessant geschriebene Darstellungen und Deutungen von wichtigen Werken der deutschen Literatur. Dabei liegt ein besonderer Akzent auf der Vermittlung literaturgeschichtlicher Kenntnisse.

Die Bände der Reihe eignen sich besonders zur Vorbereitung auf Referate, Hausarbeiten, Klausuren und Prüfungen. Ihr Umfang liegt in der Regel zwischen 112 und 128 Seiten und sie enthalten zahlreiche Abbildungen.

Weitere Bände der Reihe in Auswahl:

Bertolt Brecht: Leben des Galilei
ISBN 978-3-507-47702-5

Georg Büchner: Dantons Tod
ISBN 978-3-507-47719-3

Friedrich Dürrenmatt: Die Physiker
ISBN 978-3-507-47712-4

Theodor Fontane: Effi Briest
ISBN 978-3-507-47707-0

Johann Wolfgang von Goethe: Faust I
ISBN 978-3-507-47721-6

Franz Kafka: Die Verwandlung
ISBN 978-3-507-47727-8

Christian Kracht: Faserland
ISBN 978-3-507-47729-2

Gotthold Ephraim Lessing: Emilia Galotti
ISBN 978-3-507-47724-7

Friedrich Schiller: Kabale und Liebe
ISBN 978-3-507-47723-0

Sophokles: Antigone
ISBN 978-3-507-47735-3

Inhaltsverzeichnisse und Probeseiten zu allen Bänden der Reihe:
www.westermann.de/schroedel-interpretationen